U0165712

矢內原忠雄 及其 《帝国主義下の台湾》

何義麟 著

目　錄

推薦序

李永熾

　　20世紀末葉，日本岩波書店曾出版一系列一般人必須精讀的著作，稱爲某某書《精讀》，由精研該書作者的研究者撰寫詳細的解讀，例如班雅明的《歷史哲學綱要》名爲《歷史哲學綱要精讀》，由著名的研究者今村仁司撰寫解說。在日本領域中，丸山眞男的《日本的思想》稱爲《日本思想精讀》，由宮村治雄撰寫詳細的解讀。而矢內原忠雄的《帝國主義下之台灣》，也被列爲必須精讀的書籍之一，由日本台灣史研究者若林正丈教授選出該書上半部，施予詳細的注釋，而後進行精密的解讀，讓日本青年學子易讀易懂。可見《帝國主義下之台灣》已被列爲日本青年必須精讀的著作之一。這些被列爲必須精讀的著作大都是學術性或思想性而具突破性的傑作。

　　當初，國立編譯館策劃《青少年歷史讀本》時，也曾計劃選些台灣史上一些重要著作，委請專家學者進行改寫的工作，讓年輕人能輕易習得歷史的知識。當時就曾將矢內原忠雄的《帝國主義下之台灣》列爲必須精讀的傑作，委請台灣史研究上學有所成的學者何義麟教授改寫爲青年學子易讀易懂的漢文。這項工程是相當艱巨的，首先這是一部學術性著作，而且不容易解讀；第二，殖民地研究與帝國主義的思想相關性必須有所理解；第三，要將戰前的日文改寫爲我們日常使用的漢語，委實有其困難。何教授卻把這些問題一一克服了。

　　不止如此，他還進一步展開矢內原忠雄人格與宗教的探討，進而理出他的人格與信仰對《帝國主義下之台灣》這本著作的影響。這些從他這本書中都可以看得出來。

　　正當何教授全力進行此一工作，行將完成之際，國立編譯館突然放棄《歷史讀本》的出版計劃。何教授仍然堅持下去，並利用赴日講學的機會，將此一改寫工作做得更爲完整。因此，目前所完成的跟國立編譯館的初稿，已有極大的差異。

　　何教授這本書大略可以分爲三部分。第一部分描述矢內原忠雄的人格與信仰，而其人格又跟信仰有密切的關聯。他的基督教信仰屬於內村鑑三與新渡戶稻造的無教會主義系統。無教會派以無教堂、隨機聚會、解讀聖經爲主旨，所以每個人都可以說是一座教堂，進行自我的聖經解讀，而後與人互動，形成有共同觀點的聚會共同體。這共同觀點，大致言之，就是內村鑑三日俄戰爭之後所堅持的和平主義；在殖民地政策方面，矢內原不是激進的列寧主義者，而是霍布遜式的殖民自治形態，更是新渡戶稻造自主自治的殖民意義。當然，這不是跟殖民帝國主義站在同一戰線，而是反獨占（壟斷）資本的殖民地人民的共生自治形態。他的這些觀點似已投影在他的著作中，也成爲他反軍國主義與帝國主義的「國家理想」。

　　第二部分，是何教授改寫《帝國主義下之台灣》的主要部分。何教授在這部分充分掌握了矢內原的著作結構，並依其結構將若干章節結合爲一章，改寫爲可讀性的篇章。細讀後，不僅可以知道1929年之前的台灣政經結構，也可以了解日治政府與日本資本家的的結構圖像，更可以了解台灣的資本主義化是何種樣態。

　　第三部分，是相當有趣的篇章，它一方面呈現矢內原與台灣知識分子的關係，以表達矢內原對台灣的關心；另一方面則論述《帝國主

義下之台灣》在學術上的繼受發展，這方面何教授有精彩的分析與陳述。

　　總之，這部書一方面呈現了傑作之所以爲傑作的內在理路，一方面也彰顯了矢內原忠雄人與書的內在關聯；非常值得一讀，甚至細讀。

2011年1月25日

台湾をめぐる学知の日台関係史への誘い ──序に代えて

若林正丈（東京大学名誉教授、早稲田大学教授）

　本書は、台湾研究の古典と称される矢内原忠雄「帝国主義下の台湾」の解説書である。原著が刊行されたのは1929年で、それから今日までは80年以上前の歳月が過ぎた。その間日台両地ともに政治的・知的環境の大きな変遷を経ている。加えて、原著は純学術書の体裁をとり、戦前のやや古めかしい文体で書かれており、現代の学生や一般読者にはなかなか読みにくいことは否めない。これは、日本においてのみならず、現代の中文の読者にとっても同様であろう。台湾ではすでに三冊の中文訳が出ているにもかかわらず、本書が刊行されるのは、一つにはこのような理由からであろう。本書で、著者の何義麟教授は、矢内原忠雄の為人、原著の著された背景などを紹介した後、原著をリライトし、煩瑣な注釈参照を行わなくても原著者の学術的主張がスムーズに理解できるようにした。次いで、「帝国主義下の台湾」後の、戦中から戦後の矢内原忠雄の行藏、さらには原著を台湾知識人がどう受け止めたかを紹介して読者の原著への理解を助けている。その際、キリスト教信仰者としての矢内原の影響が戦後の一部台湾知識人にまで及んでいる例があることを指摘しているのも、何教授の解説の特徴であろう。

　ところで、私は台湾を研究対象とする地域研究者である。地域研究者としての私の「帝国主義下の台湾」の位置づけ、また同書が出版当時の日本の台湾植民地統治において帯びたであろう意義についての私の見方は、本書第六章第二節に紹介されているが、台湾地域研究者である私にとっては、何義麟教授の本書は単に台湾研究の古典の丁寧な解説書であるというばかりではない。本書そのものがその古典の21世紀の台湾における新たな解読の仕方を示したものの一つとして新たな研究関心を触発するものである（最初の中文訳が戦後台湾で刊行されてから半世紀ほどを経た21世紀に入って三冊目の翻訳が出たことそのものが台湾の知識社会の何らかの動向を物語るものだろう[巻末「延伸閲読書目」参照]）。

　このような研究関心は、かりに「台湾をめぐる学知の日台関係史（あるいは思想史）」と呼ぶことができるかも知れない。「帝国主義下の台湾」を機縁とする矢内原忠雄と台湾知識人とのつながりの形成、その戦前・戦後の断絶と継続、また「帝国主義下の台湾」という近代日本の学知の政治的思想的意義、さらには知識社会学的意義とそれら変遷の探求、言い換えれば、"『帝国主義下の台湾』という学知の考古学"、これを手がかりとして、このような台湾研究の問題領域が開拓できるのではないか──「帝国主義下の台湾」の21世紀の台湾における解読の仕方を示したものとしての本書は、そのような問題意識への誘いを含んでいるように思われる。

　例えば、本書第六章で著者は、台湾史研究者李承機教授の言を引いて、矢内原と同時代の台湾知識人も植民地統治下台湾の社会経済状況についての批判的見解を明確に形成していた事実があることを指摘している。矢内原著が学術的に高い評価を受けるのは、一貫

した社会科学的視点（当時の日本で社会科学と言えばまずはマルクス主義の観点を指した）から日本植民地統治下台湾社会の批判的分析を総合的に展開した点にあるが、台湾人知識人の社会主義思想やマルクス主義的社会科学の受容は、1920年代から始まっており、当時台湾社会経済への批判的視点を抱懐していたのは、何も「帝国大学教授」である矢内原や社会主義論壇の星であった山川均などに限られるものではなかった。李承機教授が指摘している台湾農民運動リーダー簡吉もそうであるし、台湾左翼陣営内の政治的イデオロギー闘争の中で簡吉らから「社会民主主義者」と排撃された連温卿もまたそうであろう。矢内原著が台湾総督府、軍部の規制や圧迫を受けながらも高い評価を享受できたが、かれらの言説はそうでなかった。かれらの発話の相手は、名も無き農民であり、「無産青年」であり、そして最後は総督府警察官であり法院の検察官であった。戦後も、矢内原はいち早く復権し、東大教授、東大総長として日本の学術界、言論界に華々しい活躍を見せ、「帝国主義下の台湾」は50年代に二種類の中文訳が刊行された。しかし、簡吉は「白色テロ」の中で銃殺され、連温卿は不遇に沈み長く忘却された。連温卿の妹の息子である黄信介でさえ、康寧祥に指摘されるまで1920年代の叔父の華々しい活躍を知らず、叔父と母の間で時々飛び交ったおかしな言葉がエスペラントであることを知らなかった（康寧祥氏の教示による）。

　　ここに、台湾をめぐる言説とその発話権の植民地的構造が存在したこと、それが、戦後の中国国民党の厳しい反共的統治体制の下で連続してしまったこと（さらには簡吉、連温卿といった人物の事績の「出土」までに長い時間がかかったこと）が見て取れる。「帝国主義下の台湾」は、今やこうした植民地化と脱植民地化の断絶と

連続の歴史の中で理解していかなければならない。「帝国主義下の
台湾」は、台湾近代史を知るための入門の書として読まれるべきで
あるが、そればかりではない。「帝国主義下の台湾」という学知の
存在を手がかりに錯綜する日台関係の文化史・思想史に接近するこ
とができるのではないだろうか。"『帝国主義下の台湾』という学
知の考古学"を出発点として日台関係史の新たな位相を浮かびあが
らせていくことができるのではないだろうか。本書に「台湾をめぐ
る学知の日台関係史への誘い」を見いだした所以である。

2011年2月6日、日本相模原市の寓居にて

代序：探索環繞台灣研究學知之日台關係史

若林正丈（東京大學名譽教授、早稻田大學教授）

　　本書是被譽為台灣研究之經典，矢內原忠雄《帝國主義下之台灣》的解讀書。原著出版於1929年，距今已超過80年。在此期間日台兩地不論政治或是學術的環境都經歷了激烈變化。再加上原書採取純學術性論著的格式，以戰前的古文體書寫，對現在的學生或是一般讀者而言，其內容並不容易理解。日本是這個樣子，我想當今的中文讀者也有同樣的煩惱吧！這也是為什麼在台灣已經有三本中譯本之後，還要出版本書的主要理由。作者何義麟教授先介紹矢內原忠雄的為人，以及原著撰寫的背景，然後對原著進行改寫，如此一來，即使不參考繁瑣的注釋，讀者也可以輕鬆地了解原作者的學術主張。另外，本書除了重新改寫《帝國主義下之台灣》之外，還介紹了矢內原忠雄在戰時和戰後的行誼，以及台灣知識分子如何閱讀原著，這些都可以幫助讀者理解原著。其中，舉出矢內原的基督教徒身分影響到戰後台灣知識分子的部分，應該是何教授解說的特色吧！

　　我是以台灣為研究對象的區域研究者。我曾以這方面研究者的角度談《帝國主義下之台灣》的定位，同時也針對該書出版當時對日本的台灣殖民統治所具有的意涵，提出自己的看法，這部分在本書的第六章第二節已有介紹。然而，對做為區域研究者的我而言，何義麟教授的這本書並非單純只是一本台灣研究經典專書的詳解書而已。

我認為本書的內容，提示了在21世紀的台灣如何重新解讀此一古典著作之方法，也觸發了一種新的研究關懷（最早的中譯本在戰後台灣出版超過半個世紀，在進入21世紀之後還出現了第三本中譯本，這似乎在敘說著台灣知識社群的某種動向。請參閱書末「延伸閱讀書目」）。

這樣的研究關懷，或許可以稱之為：「環繞台灣研究學知之日台關係史（或思想史）」。包括探討：矢內原忠雄在《帝國主義下之台灣》的機緣下，與台灣知識分子所建立的聯繫，這個聯繫在戰前、戰後的斷絕與連續，以及《帝國主義下之台灣》在近代日本這個學知上的政治的思想的以及知識社會學的意義與變遷之過程。換言之，若能以「《帝國主義下之台灣》之學知的考古學」為切入點，將可以開拓此一台灣研究之問題領域。本書提示台灣在21世紀解讀《帝國主義下之台灣》的方法，同時也內含引發此類問題意識之可能。

例如，在本書第六章，作者引用台灣史研究者李承機教授的發言，指出矢內原與同時代的台灣知識分子，都同樣地對殖民統治下台灣社會經濟狀況提出了批判性見解。矢內原在學術上獲得極高評價的地方是，他自始至終採取社會科學的觀點（在當時的日本，社會科學一般就是指馬克思主義的觀點），對日本殖民統治下的台灣社會進行綜合性的批判分析。台灣人吸收社會主義思想和馬克思主義式社會科學始於1920年代。當時以批判性觀點來看台灣社會經濟者，並非僅限於「帝國大學教授」矢內原忠雄，或是社會主義論壇之明星山川均而已。李承機教授提到的台灣農民運動的領導者簡吉是其中之一，在台灣左翼陣營的政治意識型態鬥爭中，遭簡吉等人排擊的「社會民主主義者」連溫卿，也是其中一位。矢內原的著作儘管遭到台灣總督府和軍部的管制與打壓，但還是獲得高度評價。然而，這些人的論

述就不是這個樣子。他們的發言對象是一般無名的農民或是「無產青年」，最後則是總督府的警察官和法院的檢察官。戰後，矢內原很快地就復權了，以東大教授、東大總長的身分，活躍於日本學術界、言論界，而《帝國主義下之台灣》也在1950年代出現兩種中譯本。然而，簡吉卻在「白色恐怖」中被槍決，失意的連溫卿則長期遭到遺忘。就連連溫卿妹妹的兒子黃信介，在康寧祥告訴他之前也完全不知道舅舅在1920年代時曾經非常地活躍，當然也不知道舅舅和媽媽有時講的奇怪語言就是世界語（根據康寧祥先生的教示）。

　　從這些情況我們可以看到，有關台灣之論述和發言權，存在著殖民性的結構。而且在戰後中國國民黨嚴厲的反共統治體制之下，此一結構還繼續存在（簡吉與連溫卿等人的事蹟，經過非常久的時間才得以「出土」）。現在我們必須將《帝國主義下之台灣》放在這段殖民化與去殖民化之連續與斷裂的歷史中來理解。《帝國主義下之台灣》是了解台灣近代史的必讀入門書，但它的重要性絕非僅止於此。若能以《帝國主義下之台灣》之學知的存在為線索，應該可以探討錯綜的日台關係之文化史、思想史吧！而且以「《帝國主義下之台灣》之學知的考古學」為出發點，應該可以讓日台關係史的新位相浮現出來。正因如此，從本書可以找出「探索環繞台灣研究學知之日台關係史的邀約」。

2011年2月6日於日本相模原市寓居

作者序

何義麟

　　矢內原忠雄的《帝國主義下之台灣》是研究殖民地台灣時必讀的重要學術論著。充分理解這本書的內容與出版後對各界的影響，並且進一步釐清作者和台灣知識分子的關係，對於了解近代台灣社會變遷與政治經濟問題等，有相當大的幫助。面對這樣的經典論著，我大膽地以原著改寫與考察分析的方式，解說本書之精髓以及介紹作者的人格風範。採取這樣的敘寫方式，目的是協助各界人士閱讀原典時可以掌握神髓。甚至，不閱讀原典也能對作者與全書內容有完整的了解。

　　這本書的誕生，首先必須感謝李永熾教授的卓見與鼓勵。早在學生時期我就已讀過矢內原的《帝國主義下之台灣》，但從未想到要以改寫原著的方式來解讀與介紹，若不是李教授的引導與督促，斷無勇氣與毅力投入這項工作。此撰稿計畫，原本納入在教育部委託國立編譯館編輯出版「青少年台灣文庫」之中，歷經綱要確定到提交初稿，甚至兩位學者審查都已通過，最後卻又因故未能順利出版。回顧整個撰稿到出版過程，從接下工作並於2006年間簽約至今，已經超過5年的時間。整個工作進度雖然緩慢，但是在蒐集與研讀資料的過程中，不斷有新的史料發現與新的想法產生，多次讓我興奮不已。這段期間在資料的搜尋上，受到多位師長與友人之協助，而課堂上用初稿當教材授課，不僅引發討論也獲得不少修正意見，在此表示由衷感謝。原

定的出版計畫雖然受挫，但反而得到充裕的撰稿時間，本書才得以較讓人滿意的面貌呈現，這也是另外一種收穫吧！

決定解讀並改寫《帝國主義下之台灣》一書之後，即同時從兩方面著手進行資料蒐集與研讀的工作。首先是重新解讀原文與中譯本，其次是蒐集並研讀作者生平與評介原著的相關文獻。大致而言，解讀原著時三本中譯本譯文皆有其參考價值，但若無台灣史基本知識，或無法參考各類日文相關文獻，一般讀者可能很難充分理解原著內容。戰後日本學術界，已經有相當多的著作對原書提出深入的解讀與評論，最值得一提的是涂照彥著《日本帝國主義下的台灣》中的「序章」與隅谷三喜男在1988年岩波書店復刻本中的「解說」，當然還有最新也最詳實的是被納入岩波現代文庫的若林正丈著之「精讀本」。原著改寫的進行，主要就是研讀這些原著、譯本與日文解說專著。當然，台灣本地學者包括：林滿紅〈日據時代台灣經濟史研究之綜合評介〉、吳密察〈矢內原忠雄《帝國主義下の台灣》的一些檢討〉、黃紹恆〈張漢裕教授學術源流考〉等專文之提示，也相當具有參考價值。此外，涂照彥的專書已有中譯本，中研院柯志明教授也有最新的相關研究論著發表，中文參考資料並不缺乏。透過這些相關文獻，解讀工作才能完成，但若有未能充分理解或說明清楚之處，完全屬我個人的能力問題。

在撰稿過程中，我還發現許多台灣前輩曾對原著提出評論或感想，較具代表性的有：1929年原著出版時人在北京的宋斐如，戰後早期到東京大學求學的王育德、戴國煇等人，他們都給予原著極高的評價。其他還有許多受過日本教育的台灣人，在其回憶錄之類的文章中，大多會提到閱讀原著所受到的感動。可能是時間的落差，或是自己魯鈍，老實說我讀《帝國主義下之台灣》並沒有前人的深刻感動。不過，在研讀另一台灣經濟史經典名著劉進慶《戰後台灣經濟分析》

時，我曾有類似的感動。

這兩本都是精準剖析台灣政治經濟結構，並且深刻關懷台灣底層農民境遇的巨著。《戰後台灣經濟分析》在戒嚴時期的台灣也是一本禁書，雖然在90年代初才有中譯本出現，但1970年代末期以後，台灣社會在對抗國民黨威權統治體制時，許多知識分子從劉進慶的著作中吸取學術養分，得以更強力地批判黨國資本主義的不公不義。因為知道這本禁書的存在，1990年我到東京大學留學時，首先便是啃讀這本日文原典，當時我欠缺馬克思主義經濟學的基本知識，

▲ 圖一　劉進慶《戰後台灣經濟分析》書名頁　　（何義麟　提供）

讀解時吃足了苦頭。但是，當我讀到終章「官商資本主義之結構與運作」，特別是第三節「底層：零細農與低薪資勞動之結構」，突然有一種所謂醍醐灌頂的領悟。因為，其中分析破產農家景象，正是我生長的環境。那時底層貧困的農村社會，許多家庭必須犧牲女兒的教育機會，勉強供應兒子讀書，而我就是那種能繼續上學的幸運兒。這是許多同世代台灣人家庭的共同遭遇，但卻不知所以然地只能認命受苦。劉進慶的研究成果，就是清楚地說明這樣社會經濟結構如何產生。在異國從學術論著中領悟自己的來時路，突感一陣心酸，久久不

能自已，那時的激動至今依然難忘。重讀該書，發現書上寫滿了自己的註記與心得，我想那時受到的感動，應該類似於閱讀《帝國主義下之台灣》的老前輩們吧！當然，早期台灣留日的知識菁英，大多屬地主資產階級家庭出身，但是殖民經濟下農村社會的問題，以及民族界線產生的差別待遇，都是顯而易見。有良知的知識分子在閱讀《帝國主義下之台灣》時不會是毫無知覺，他們應該都受到一定的衝擊。

而後在我的留學生活中持續七、八年間，大約每兩個月就可以在「現代台灣研究會」的例會上，碰到劉進慶教授。他每次皆專注地聆聽發表，嚴肅地提出質問，私下則溫和親切地與大家寒暄，其為人處世的人格風範，讓人印象深刻。我可以強烈感受到，他書中前言所說：「將本書獻給還在遭受壓迫的台灣同胞」，正是其內心肺腑之言。以學術良知，直言批判壓榨民眾的資本主義體制，對社會底層弱者給予關懷協助，似乎是馬克思主義經濟學者最正面的寫照。基於同樣的理念，矢內原忠雄才會在其殖民政策研究的專書中，重複地表示他希望：「被壓迫者獲得解放，沈淪者得以上升，進而以獨立自主者來和平結合。」這段話最足以說明矢內原對殖民地的關懷。然而，第一次世界大戰以後，階級解放運動與民族自決風潮早已席捲各地，對殖民地激進青年而言，矢內原的殖民解放言論，顯得相當保守而落伍。但是，如果從基督教信徒的行止來看，在帝國主義擴張的年代，矢內原忠雄的學術堅持與人格風範則是超乎群倫。他不僅在言論上以基督徒的信念批判軍國主義，也實際對殖民地展開「異邦人傳道」的行動。矢內原到朝鮮半島的宣道活動之介紹在此割愛，僅就台灣而言，他因異邦人傳道之活動，確實與許多台灣知識分子建立了深厚的情誼。

有關矢內原與台灣人信徒的情誼，感謝陳君愷兄的提示，讓我可以得知郭維租醫師的生平事蹟。閱讀曹永洋《都市叢林醫生：郭維租

的生涯心路》之後，曾再次向作者請益，曹先生親切而詳細地解說郭醫師的近況，並代為聯繫郭醫師與前衛出版社提供圖片，在此謹表謝意。因為郭醫師的故事，讓我更了解矢內原的人格風範。而更讓我感動的是涂南山的故事，一個被囚於綠島的政治受難者，竟然能藉著矢內原的聖經解說著作度過最艱困的日子。我不知道有哪一位傳教士有這樣的力量，能安撫受到如此委屈的政治犯。更令人難以相信的是，只是間接透過陳茂源而取得的著作，竟然有此神力般的效果！這個感人的故事請參閱：胡慧玲、林世煜訪談紀錄〈煉獄與天堂：涂南山口述史〉，感謝游藝設計工程公司曹欽榮先生提供相關圖片，沒有許多前輩努力挖掘政治犯受難的事蹟，我們將永遠無法得知這麼感人的故事。除此之外，本書也盡量運用中央研究院台灣史研究所等機構與友人協助，取得老舊圖片以充實版面，若有考訂不周或未顧及版權之處，尚請各界指正。

　　針對矢內原忠雄《帝國主義下之台灣》的解讀與改寫完成初稿之後，在2008年9月，我有機會到日本講學兩年。由於出版的延遲，讓我也有機會繼續地蒐集資料並修改初稿。在這期間讓我收穫最大的是，參加2009年3月28日到6月28日在駒場校區舉行的東京大學紀念教養學部創立60週年紀念活動。這次活動除了舉行特別展，展覽期間還召開三場學術研討會，探討矢內原與教養學部創立、殖民地研究、基督教信仰之關聯。第一場研討會的報告，讓人了解矢內原與戰後日本教育改革的密切關聯，東大教養學部創立就是其中的一環，而我何其有幸，竟然在這個頗具歷史意義的校區求學9年。這個校區的正門東側有一個矢內原門遺址碑與紀念公園（圖二），其命名的故事從略，只要從這些紀念活動與紀念設施，即可讓人感受到矢內原在學界的分量與地位。

▲ 圖二　東京大學教養學部校園內之「矢內原門跡」，背後為矢內原公園（何義麟提供）

　　前述這三場研討會場，原本是安排在收容兩百人左右的會場，但是第三場研討會為「矢內原忠雄與基督教」，因當天報名人數過於踴躍，只好臨時更改會場換到可容納四、五百人的場所。這樣的盛況超乎主辦單位的預想，由此可知矢內原在日本基督教徒心目中的崇高地位。更讓人興奮的是，透過此次研討會認識了陳茂棠先生。感謝張隆志兄在會場外提出的疑問：陳茂棠應該與陳茂源有親戚關係吧！經過詢問，果然正是陳茂源之弟。會後透過引介取得聯繫，不但獲得其自費出版的「精神病院傳道五十年」的日文紀念集（圖三），而且還獲

得應允持續進行相關的訪談。從後
續的訪談與相關資料發現，定居東
京的陳茂棠先生，在信仰上與矢內
原建立相當緊密的師徒關係。

陳茂棠先生，1920年出生於
桃園大溪，十幾歲時感染肺結核三
年，同住醫院的病患大多去世，自
己竟然奇蹟似地存活下來。患病期
間，在兄長陳茂源的引導下首次接
觸到聖經，而後成為信徒。就讀東
京齒科醫專後，1941年起開始參加
矢內原忠雄主持的聚會。1944年9月
成為齒科醫師，隔年申請編入慶應
醫專，畢業後於1947年取得外科醫
師之資格。習醫期間，他已開始在

▲ 圖三　陳茂棠《精神病院伝道五十
　　　年をすぎて》封面（1999年，
　　　自費出版，陳茂棠　提供）

東京都立松澤病院服務，在偶然的機緣下，開始在這家精神病院向病
患傳道並講解聖經。由於臨死的體驗，讓陳茂棠在習醫期間就下定決
心，畢業之後要到中國大陸進行醫療傳道。然而，因中共建國後逐出
所有傳教士，打壓基督教傳教活動，以致其理想終究無法實踐。精進
不懈的陳醫師，1960年取得醫學博士學位，同時也成為開業醫師。
但是，在精神病院的傳道的活動並未停止，每個星期日早上在家有一
場聚會，下午則到松澤病院主持另一場聚會，這樣效法矢內原傳道精
神的活動，持續超過了50年，其信仰與精神令人感佩。

認識陳茂棠後，重新閱讀《矢內原忠雄全集第二十九卷》，發
現有位台南的林添水（1907-1983）先生曾與矢內原通信紀錄。再從

「賴永祥長老資料庫」得知，林添水是相當令人稱許的無教會主義信徒。但很遺憾的是，他與矢內原的長年交誼並未受到外界的注目，南原繁編《矢內原忠雄：信仰‧學問‧生涯》一書中，也沒有收錄其追悼文。此外，經由陳茂棠告知，傳道五十年紀念集中與其合照的友人劉瑞騰，是台灣知名的精神科醫師，也經常參與由其兄陳茂源教授所發起的無教會主義的聚會。來參加這項聚會的人士，包括台大經濟系教授張漢裕與郭維租醫師等，以及長老教會濟南教會的許鴻謨牧師等，他們的聯繫或凝聚的主要原因，與其說是無教會主義的理念，不如說是感佩於矢內原的人格風範與教義詮釋。矢內原與陳茂棠等台灣人通信或對話時，常提到「我們的國籍在天上」或「在天上擁有共同國籍的我們」，試圖以共通信仰來跨越與台灣人的國籍藩籬。對台灣的「異邦人」教徒而言，矢內原的理念也是「無國籍主義」。

　　劉瑞騰醫師曾撰文追悼謝緯牧師的醫療傳道精神。謝緯牧師也是留日的醫師，他是否曾受到矢內原忠雄的感召，我無法詳細查明，但醫療傳道的精神應該是與陳茂棠的信念相通。這群人的人際網絡線索，若能持續探究下去，應該可以讓矢內原的事蹟更清楚的浮現。例如，在「賴永祥長老資料庫」中，即可找到許多日本基督教會與台灣教會關係的資料，如何利用這些資料深化研究，應該是一項重要的課題。台灣神學院的教會史研究者陳志忠，曾經提到：日治時期日本基督教會對台灣基督教的影響是顯性的，而無教會主義在台灣是隱性的活動。大概是這個因素，矢內原與台灣人的交誼，變成像地下水脈一樣，必須深入挖掘才能得知。矢內原透過其著作與信仰與多位台灣人建立深厚的交誼，這個人際網絡並不限於大家所熟知的林獻堂、蔡培火、葉榮鐘，以及學生輩的陳茂源、張漢裕、郭維租等人而已。過去未曾被提及的陳茂棠、林添水等人也相當重要，其間接弟子涂南山也值得關注。不論是矢內原的人際往來，或無教會主義的思想傳布，都

是值得持續探討的問題。但是，這樣探討信仰傳承的方向，已經與解讀《帝國主義下之台灣》主題越離越遠了，必須就此打住。

李嘉嵩著《100年來》一書中的第五章，曾表示他對矢內原的敬佩之意，在提及《帝國主義下之台灣》時，他留下證言說：「（該書為）台灣出身至日本求學的學生最感心儀嚮往，一睹為快的名著。可是如果有學生購閱這些書，萬一在假期或學成歸鄉的船上被警察發現，一定會遭到許多麻煩，甚至會被沒收的。」由此可知，不少台灣青年學熱切地想要閱讀這本被禁止攜入台灣的專書。該書不僅受到台灣總督府的排斥，其翻譯本的輸入也受到干擾。1934年《帝國主義下之台灣》俄文版發行後，矢內原教授曾經試圖購入，沒想到竟然在橫濱的海關遭到沒收。查禁與統治理念不合的書籍，顯然是專制政府共通的手法。戰後1957年底，矢內原在東京大學總長退休前的訪美期間，才有機會在紐約哥倫比亞大學看到自己著作的俄文版。早稻田大學台灣研究所所長梅森直之教授，目前正在哥倫比亞大學訪問研究，透過其努力終於取得該書的複印本，讓華文世界的讀者有幸窺見其書影。感謝早大梅森教授的複印協助與若林教授的歷史考究，才得以發掘這樣的值得銘記的故事，希望世上這類查禁學術著作的情況不再重演。

到2010年夏天爲止，我奉派赴日負責外交部開設「台灣研究講座」之授課工作，同時也擔任早稻田大學台灣研究所客員研究員，早大提供良好的研究環境與授課機會，讓我得以增補本書內容，課堂上講授矢內原忠雄的思想與事蹟，獲得春山明哲教授與同學們諸多回饋。兩年間講學的體驗，也讓本書以更充實的面貌問世。在此期間，獲得日本多所大學師長好友等各界人士與駐外單位同仁的協助，謹此表達誠摯的謝意。這樣的學術交流活動，希望能長期持續下去。

　　2011年的年假期間，數次與陳茂棠先生聯繫，報告本書即將出版的消息，閒談中得知，他正以90高齡弟子的身分規劃矢內原忠雄昇天50周年的紀念演講會，預定今年復活節前一天的4月23日在東京目黑今井館舉行。這個活動不僅是紀念矢內原教授，也展現矢內原教授與台灣人弟子之情誼。回顧《帝國主義下之台灣》的出版過程，以及出版後至今的傳布與影響，矢內原教授與許多台灣人之間的情誼可謂淵遠流長。這段情誼不僅建立在傳播「宗教福音」的層面，有關探究「學術眞理」的傳承，也有明顯的脈絡可循。值此50周年紀念之際出版本書，實屬難得的機緣，謹此表達個人對矢內原教授的景仰，同時希望透過此書的歷史見證，讓這段台日間跨國情誼歷久彌新。

2011年2月15日

導言：一位典範人物的經典名著

一、台灣經濟史經典名著的誕生

1929年12月14日，當時台灣發行量最大的報紙《台灣日日新報》報頭旁刊載了一則新書廣告：

岩波書店新刊　矢內原忠雄著《帝國主義下之台灣》

本書為探究日本統治台灣後以資本主義化為核心的發展，也包括經濟、政治、教育、民族運動等問題。書中除了分析實際的情況，也探討其社會性意涵，以全面釐清台灣統治之性質。（中略）本書為科學性研究著作，並非政論性作品，內容不僅說明無法再用警察來統治台灣的原因，同時也針對台灣統治方針，提出若干「天氣預報」式的見解。【圖0-1】

▶ 圖0-1　《帝国主義下の台湾》新書廣告《台灣日日新報》1929年12月14日（蕭柏暐翻攝）

　　但是，這則新書廣告刊出後不到一個月，台灣總督府警務局就下令，禁止這本學術著作在台上市。因此，直到1945年日本戰敗結束台灣殖民統治爲止，這本書都無法公開在台灣販售。1939年以後，在軍部勢力的壓迫下，日本國內的出版商也不敢再販售這本書。

　　一本帝國大學教授研究台灣的專書，爲何無法見容於台灣總督府，戰爭時期甚至還受到日本本國政府的排斥呢？實際上，這本書在學術界的評價非常高，出版後隔年就有中文譯本，不久也出現俄文版，戰後台灣甚至還陸續出現過三種翻譯版本。雖然沒有翻譯成爲英文，但是2000年出現一本分析矢內原忠雄殖民地論之評傳，由此可見英語世界的學者對他的思想言論並不陌生。戰後，這本書被日本學界推崇爲「日本社會科學經典名著」之一，長期且廣泛地受到讀書人的關注。1963年本書被收錄在矢內原著作全集之中，1988年岩波書店以單行本的方式重新印刷出版，2001年被列爲「傳給21世紀日本人的名著」之一，附加解讀後以文庫版的形式發行。像這樣，一本曾被列爲禁書的著作，長期以來竟然獲得如此高的評價，其原因值得大家共同來探討。

　　《帝國主義下之台灣》的內容分爲兩部分，1927年起陸續刊登在日本的《國家學會雜誌》與《經濟學論集》，1929年修訂後交由岩波書店發行單行本，當時作者很年輕，才36歲而已。矢內原在東京帝國大學經濟學部擔任教職，主要就是負責講授「殖民政策」這門課。由於教學上的需求，他在1927年實際到台灣進行一個多月的調查訪問。因此，這本書也可以說是作者經過實地考察後所提出來的實證研究報告，日後則被學界公認爲：日本殖民地研究劃時代的著作。直到1975年，台灣旅日經濟學者涂照彥還明確地指出，有關台灣殖民地經濟發展的研究，當前還沒有超越四十多年前出版的《帝國主義下

之台灣》。換句話說，直到1970年代爲止，矢內原提出的論點，仍然被視爲典範或定論，被普遍地參照與引用。【圖0-2】

作者矢內原在這本書中，不僅在經濟發展面向上提出精闢的論述，而且對於總督府採取的「同化主義」方針也提出強烈的批判，同時還支持殖民地民眾之自治要求。由於書中充滿對被殖民者的人道關懷，因此單行本發行的隔年，居留中國並批判日本殖民統治的台灣人宋斐如就發表了書評，給予該書極高的評價。他認爲：此書是採用新鮮材料、解剖方法合於科學的良好作品，雖然作

▲ 圖0-2 《帝國主義下の台灣》1988年岩波書店復刻版書影（何義麟 提供）

者矢內原爲帝國大學教授，難免有些不能放言的地方，但整體而言，實爲一部「研究現代台灣最合宜的著作」。對研究者而言，雖可稱爲合宜的著作，但絕非大眾化之讀本，該書純然是一本學術性書刊，內容並不太容易理解。儘管如此，戰後長期居留日本並領導台灣獨立運動的王育德卻說：許多台灣人到日本求學時，都會設法找到這本書來閱讀，該書是「台灣知識分子的聖經」。給予這樣的尊號理由何在？我認爲應該不是指該書的學術性極高，而是有其他政治方面的意涵。亦即，其內容對於台灣知識分子，在認識台灣過去或思索台灣前途時，具有相當重要的參考價值。

一本屬於經濟學的學術書，爲何至今依然被視爲「經典名著」，而歷久不衰持續發行呢？另一方面，不論戰前或戰後流亡海外台灣

人，為何都要賦予這本書特殊的政治意涵呢？生為當代台灣人，要了解台灣社會的變遷過程，這本《帝國主義下之台灣》當然不能錯過。而且，不僅這本書內容值得重視，作者矢內原忠雄的人格風範，也值得深入地介紹。生前他與台灣抗日民族運動知識分子，包括林獻堂、蔡培火、葉榮鐘等建立深厚的友誼，同時在學校內也培育了陳茂源、張漢裕等兩位知名的學者，戰後出任台灣大學教授，傳承其學術成果與治學風範。由於矢內原忠雄同時也是一位虔誠的基督徒，他對基督教義的領悟與詮釋，也感召了包括陳茂棠、郭維租等留日的台灣青年，將他尊奉為精神或信仰之導師。至今矢內原詮釋聖經的書籍，依然深獲台灣基督徒的好評。解讀一本經典名著，不僅要認識作者的人格風範，同時也要了解其撰寫的過程、出書後對學術界的影響等。筆者相信，透過閱讀這部經典名著，我們不僅可以更深入地了解日本殖民時代的台灣史，同時也可以感受到人類追求實現公義和平社會之艱辛歷程。

二、近代日本學界典範人物之傳奇

誠如前述，《帝國主義下之台灣》是經典名著，作者在近代日本的學術界、教育界則是一位典範人物。1893年，矢內原出生於日本四國之愛媛縣，其求學過程相當順利。從第一高等學校畢業後，他考進當時日本最高學府東京帝國大學，1917年畢業數年後，被拔擢任命為母校東京帝大經濟學部助教授，而後在校內主要擔任「殖民政策」之教學與研究工作，他在這個職位上的表現與成就，獲得學術界高度的肯定。但更重要的是，他身處日本軍國主義囂張的年代，挺身

直言批判當權者，這樣的人格與風範，更加讓人景仰。

矢內原雖然從事殖民政策學的研究，但是他堅持學者的立場，將殖民視為近代社會的現象，採取科學而實證的研究方法，剖析帝國主義擴張之根源與衍生的問題，而不是站在統治者立場提出殖民統治政策。此外，當時的學術界馬克思主義相關之經濟學理論風行，矢內原雖然受到一定程度的影響，但是卻堅持以社會科學之客觀而理性的態度從事學術研究。基於這樣的學術理念與方法所撰寫的諸多論著之中，最主要的研究成果就是《帝國主義下之台灣》一書。作者在這本書中批判當權者，開始與日漸抬頭的軍國主義勢力開始出現對立，這種緊張關係到了中日戰爭爆發時，正式引爆。

1937年7月7日盧溝橋事件發生後不久，矢內原公開發表文章，批判政府發動戰爭的行為，大聲疾呼國家的理想在於堅守正義，所謂的正義就是抵抗強權捍衛弱者，國家如果違背正義的原則，國民必須嚴加批判。其文章雖然只是抽象的論述，但指責當權者的意思相當明確，因此他開始遭到政府的監控。隨後在警察機關情治人員積極蒐證之下，他平日的言論不斷受到嚴格的檢視與挑剔，最後在同年底被迫使辭去東京帝大之教職。

矢內原之人格風範，主要來自於他對宗教信仰的虔誠態度。他基於基督教信仰之理念，一生堅持和平主義與人道主義，對於殖民地被壓迫的人民表達同情，並清楚地反映在其學術著作中；而對於反戰與堅持和平主義的信念，則是在被迫辭去教職的過程中，充分地展現出來。他是日本發動戰爭期間，極少數站出來公開表達反對戰爭的知識分子之一。被迫辭去教職後，他從事講述聖經與發行雜誌等宗教活動，繼續宣揚和平公義的理念，對於他這種堅持個人良知的抵抗活動，戰後歷史學者家永三郎稱他是「日本人的良心」，此一稱呼也相

當符合其歷史定位。

　　戰後，矢內原回到東大經濟學部任職，陸續擔任重要的行政要職，在1951年甚至獲選為總長（校長），連任兩屆共6年。他在擔任學校行政工作期間，日本社會各界還處於動盪中，傾向主張社會改革的左派，與比較堅持傳統信念的右派，雙方嚴重對立。校園內左翼運動也日益抬頭，但教師們大多反對政府打壓左派學生運動。1952年，東大校內之學生劇團公演時，竟然抓到臨場監控之便衣員警，而且從該員警身上的手冊得知警察機關在校內進行監視活動，此事造成學校與警察出現嚴重的對立情勢。學校方面認為，警察機關的行為已經侵犯到大學的自主權，此時矢內原身為總長，積極挺身捍衛大學自治與學術自由，他的表現獲得各界的肯定。2009年3月28日到6月28日，東京大學紀念教養學部創立60週年，在所屬的駒場博物館舉

▲ 圖0-3　2009年東京大學教養學部創立60周年紀念矢內原忠雄之海報

辦「矢內原忠雄與教養學部」的特別展【圖0-3】。展覽期間還召開三場學術研討會，第一場為探討他在戰後如何規劃東大教養學部，第二場「矢內原忠雄與殖民地研究」，第三場「矢內原忠雄與基督教」，透過這次盛大活動等於重新評價其在高等教育、學術研究與傳道等各方面的貢獻。從以上的生平事蹟可知，矢內原不論在學術研究成果、個人良知展現與教育家實踐活動等方面，都有相當卓越的成就。因此，以下首先將介紹作者寫作本書的過程與各界之評價。

第一章　作者生平與寫作過程

　　認識這本名著的作者矢內原忠雄，對於解讀其著作將會有相當大的助益。作者不僅是一位社會科學研究者，同時也是一位虔誠的基督徒、一位反戰的和平主義者。因此，從他的學術著作中，不但可以看到詳實的統計數字與嚴謹的學理論證，更可以感受到文字背後所蘊含對殖民地民眾的人道關懷。

一、作者的學識與信仰

　　1893年1月27日，矢內原忠雄出生於日本四國地區愛媛縣越智郡富田村（現在的今治市內），祖父是一位醫生，父親曾到京都府學習近代西方醫學，是愛媛縣內第一位西醫，家境相當富裕。由於父親重視教育，矢內原在11歲時就被轉學到神戶的小學校高等科就讀，並讓他寄宿於堂哥家中。隔年他考上神戶中學校，該校校長為鶴崎久米一。在神戶求學期間，矢內原除了受到鶴崎校長的教導之外，也透過信件與就讀第一高等學校的學長川西實三保持聯絡，在通信中他已經

得知有關內村鑑三與新渡戶稻造兩人相關訊息。實際上，鶴崎校長以及日後對他人格思想影響深遠的內村、新渡戶等人，皆爲札幌農學校之同期友人。

　　受到川西學長的影響，矢內原選擇以第一高等學校爲升學目標。1910年他考上第一高等學校，入學後不久在川西學長的介紹下，參加校長新渡戶主導的讀書會，隔年進一步加入內村鑑三老師每週日在自宅舉行的聖經研究會，成爲內村的門徒。從此以後，矢內原終生堅持無教會主義教派的基督教信仰。[1]1913年9月，矢內原放棄原本被認爲理所當然的學醫之路，進入東京帝國大學，因爲受新渡戶之影響，對財政方面的問題有興趣，所以選擇攻讀經濟學，而後再轉而鑽研政治學。他就讀大學期間，新渡戶辭去一高校長，回到東京帝大法科大學擔任「殖民政策講座」之教授。1916年矢內原大學畢業後，參加住友公司的徵人考試，獲錄用後被分派到住友旗下的「別子鑛業所」任職，其上班的地點距離位於四國之愛媛縣的老家頗近。他就職不久後便結婚，並持續在住友工作了三年。1919年，新渡戶稻造出任第一次世界大戰後成立的國際聯盟事務局次長，「殖民政策講座」的教職因而出缺，此時矢內原被認爲是最佳的繼任人選。1920年3月，矢內原正式獲任新設不久的經濟學部助教授，再度回到東京帝國大學校園。獲得這樣的提拔，主要是因爲在學期間其表現相當優異，而他日後的學術成就與人格風範，也確實沒有辜負師長們的期待。

1. 無教會主義是日本獨特的教派，由內村鑑三所創立。依照字面解釋就是不成爲特定教會之成員，不依賴教會牧師講道，以自己對聖經的理解來信仰上帝，日本各地有定期聚會，每年也有全國性集會。在日本該教派的信徒人數不多，但是在學術界影響深遠。

社會科學研究者的基本素養

　　就任教職同年10月，矢內原奉命到歐美留學，離開日本以後他在倫敦停留九個月，在柏林約半年，然後旅遊歐洲各地並到達巴勒斯坦，然後停留在巴黎，三個月後又經由美國，在1923年2月回到日本。回國後不久他便在同年8月，升任教授，10月起延續新渡戶教授負責之科目，開始擔任「殖民政策」之授課教師。在這段海外學習的過程中，矢內原相當關心西方列強的殖民地問題，因爲他奉派出國學習的任務，原本就包含考察西方帝國主義殖民統治之諸問題。我們可以大膽地推測，在他的腦海中，必定也不斷在思考日本對台灣與朝鮮的殖民統治問題。然而，從他日後著作中的言論與思想可以看出，矢內原忠雄對殖民地問題的研究，顯然並非從如何擴大日本帝國版圖或勢力的角度來思考，而是以社會科學研究者的立場來分析，爲何近代資本主義國家會採取帝國主義的擴張行動。同時，他也以基督教徒的胸懷，眞誠地關懷殖民地社會的壓迫與剝削的問題，並以學術的角度提議要讓被殖民者獲得更公平與合理的對待。

　　爲何矢內原教授會具有前述的殖民地關懷？其實，這並非他個人的突發奇想，而是有其時代背景。1920年代，日本的馬克思主義思想已經相當地興盛，而且東京帝大經濟學部正是馬克思主義經濟學的大本營，他身爲其中的一員，必然也受到這方面思想的洗禮。由於他所接受的經濟學理論，基本上對資本主義的發展採取批判態度，因此他對日本帝國主義的經濟發展策略與殖民統治，也是毫不保留地提出不同意見。他在大學曾擔任「外國語經濟學」科目之教學工作，課堂上採用的教材包括當時西方最具代表性的著作，例如：亞當‧史密斯（Adam Smith）《國富論》、李嘉圖（David Ricardo）《經濟學原理》、列寧（Vladimir Lenin）《帝國主義論》等。由此可知，矢內

原教授熟知西方近代經濟學之理論。

在當時的日本，馬克思主義的經濟理論是學術界的主流，矢內原的思想除了受到馬克思《資本論》或列寧《帝國主義論》的影響外，對於他的殖民地研究影響最爲深遠的著作當屬英國經濟學家霍布遜（J. A. Hobson）《帝國主義論》[2]一書。霍布遜在這本著作認爲，當時帝國主義列強爭奪殖民地，是因爲資本家要爲其商品尋找新的市場，並爲其資本尋找新的出路。列寧《帝國主義論》中也採用此一觀點。矢內原大致上接受這樣的詮釋架構，而且以此觀點展開他往後的殖民地研究。由於具有如此深厚的學養，對於日後撰寫《帝國主義下之台灣》一書，顯然具有相當大的助益。

2. 矢內原忠雄曾翻譯霍布遜之《帝國主義論》，該書1902年在英國出版，日譯本上下卷分別在1951年與隔年由岩波書店發行。該書認爲帝國主義的原因在於過度儲蓄、過剩投資與過剩生產。霍布遜在西方經濟學界並非主流人物，但他的許多概念影響到列寧，消費不足的說法也影響到凱因斯，若要了解矢內原的思想也必須注意到霍布遜之經濟學理論。

作爲一個經濟學者，矢內原教授明顯受到包括馬克思、列寧等社會主義思潮之影響。但是，他鑽研殖民政策學的基本信念，更重要的部分應該是他的基督教信仰，而且在其信仰背後，還有一種對人類社會的關懷。他在退休前接受訪談時曾經提到，就讀第一高校時是自己的啓蒙階段，這時開始思考個人與社會的問題。亦即，思考何謂人、人生的目的何在，進而培養出自己的人格（personality），建立所謂社會的意識。他說當時自己是透過新渡戶校長的引導，開始閱讀美國社會主義者與經濟學者以及亨利·喬治（Henry George）《進步與貧困》（*Progress and Poverty*，1879年出版）等著作。他似乎從這樣的研讀活動中，獲得相當大的啓發，由於他接受一些社會主義傾向的思想，使他擁有以個人爲單位的社會連帶與社會意識。

　　明治維新以後，日本知識分子接受西方之社會科學思維甚至社會主義思想，根本不足爲奇，但同時成爲基督教徒者應該是少數，而矢內原教授就是屬於這類人物。他將科學與宗教結合爲一，因此他曾強調，基督的信仰刺激自己面對眞理，掌握了眞理就要對它有絕對的信賴，眞理就是力量，就是神指示的道路。但如何掌握眞理呢？當然是要用社會科學的方法。根據與他同世代的日本學者大內兵衛的描述，矢內原教授研究殖民地問題的觀點，基本上就是思考如何讓住在那裡的人擁有幸福的生活，就如宗教信仰中探討如何建立神的國度的問題，所以殖民地問題不是殖民母國經濟利益的問題。相反地，殖民母國爲了確保這些經濟利益，到底對殖民地人民帶來多少傷害呢？這才是眞正的殖民地問題。從這個角度出發，他的殖民地問題的論述主軸似乎就是在訴說：所有日本在台灣、滿洲、朝鮮與南洋群島的殖民政策，都是一種帝國主義的擴張行爲。

　　前述的觀點，幾乎都已充分呈現在《帝國主義下之台灣》一書中，以及其他殖民地實證研究的著作之中。身爲帝國大學殖民政策講座的教授，矢內原教授並未假借學術的名義，替政府的殖民政策進行辯護，而是以一個探求眞理的學者，一個具有人道關懷的基督徒，尋求人類建立公義和平社會之方法。其同世代學術界友人認爲，矢內原教授透過學術研究早已認定，日本的殖民政策既無人道關懷，也沒有民主主義的精神，當然更缺乏和平主義的信念，整體而言可說是戰爭主義。正如後述，他基於這種的理念，在中日戰爭爆發後對政府當局的武力擴張提出嚴厲批判，以致最後被迫辭去教職。

基督教人道主義者的信念

矢內原教授面對殖民地時，並非只將它視為研究的對象，而是基於基督教人道主義精神，對殖民地住民的處境抱持高度的同情，這樣的態度與他的宗教信仰有密切的關聯。深入了解他的的生平事蹟後，可以發現他除了學術論著，也撰寫了許多詮釋基督教義的著作，他證道的文章在教會中也頗受重視與好評。因此，如果要深入了解矢內原這個人，除了要認識其社會科學方面的學養之外，其宗教信仰也是一項不可忽略的部分。

矢內原教授晚年回顧自己人生時，認為自己的生涯中有三個最重要的轉折點【圖1-1】。第一，1932年滿洲遇襲事件；第二，1937年辭去東京帝大教職；第三，辭去教職後八年間編寫《嘉信》刊物。這三件事之中，部分當然也牽涉到軍部勢力抬頭與政治迫害等情勢有關，但問題的核心都與其宗教信仰有密切的關聯。1932年9月，矢內原教授前往當時已經由日本軍部扶植建立的滿洲國考察。當他搭乘火車從長春到哈爾濱時，在中途遭到襲擊，當時反抗日本的張學良部隊與民眾結合，專門攻擊日本人，當然也包括對一般民眾的搶奪行為。他們攻擊的行動是採取先破壞鐵軌，讓火車出軌後，然後登車搶奪財物並殺害日本人。當時，矢內原教授剛好坐在一個有門可以上鎖的座位內，幸運地躲過這次災難，全車只有他的嚮導與兩個中國人幸運未遭劫掠或傷害。當時，日本國內報紙上還登載他也遇害的消息，讓親友們相當震驚。之所以這次

▲ 圖1-1　矢內原忠雄生平自述專書

會買到讓他避開一劫的車廂座位，其實是一位頑固辦事員處置不當的結果，如果買到原定座位，可能真的會遇害。對於這次事件，他用宗教的語言來說明其直覺的感受，就是所謂「神的保護」。這樣的信念，讓他日後對上帝的信仰更加地堅定。

矢內原教授為了向曾經因傳聞他遇害而擔心的朋友報平安，開始發行一種名為《通信》的油印刊物，大約每月出版一期，嚴格來說應該是一份不定期刊物，每期約千本，寄送給各界友人。為了充實版面，他也開始將自己生活中的感想，及信仰方面的觀念公開發表。從1932年到1937年總共發行了49期，然而這份原先是為了報平安而出版的刊物，後來竟然成為迫使他離開東京帝國大學的主要原因之一。因為，矢內原教授參加的是無教會主義的基督教派，當時這個教派已經受到警察方面的監視，最後警方就是以他在刊物中的言論，以及在這個教派的地方集會中的發言，迫使他離開教職。

無教會主義依照字面解釋，就是不成為教會成員，以自己對聖經的理解來信仰上帝。但是，同樣從字面上來看，日本政府竟然認為這是近似無政府主義（反對世界上國家政府之存在）團體，其組織被當成秘密結社，還被懷疑正在從事某種陰謀活動。矢內原在地方的聖經研習會上談到：「日本正往戰爭的方向前進，不論世界如何演變，我們一定要守住和平的真理」，這段話被警察認為是大逆不道。同時，其他信徒發行的反戰論的小型刊物，也遭到警方的取締。

無教會主義這種信仰上的言論，竟然被視為秘密組織的活動，甚至有人遭到逮捕起訴。被迫辭去教職的矢內原教授，面對這樣的情勢，為了更清楚表達自己的信念，乃擴大前述《通信》的規模，1938年1月起發行宣揚基督教義的月刊雜誌《嘉信》。此外，每週日還召集年輕人來自己家中，向他們講解聖經，最初有12～13人，後

來增加到約34～35人，同時他還另外開辦自己命名的週六學校，每週六召集青年學生約30多人，講解古典的宗教書籍。這種「家庭聚會」式的傳教活動，應該是起源於1929年底對台灣青年葉榮鐘的講道，這種可稱爲向「異邦人傳教」的活動，而後成爲矢內原生涯重要的志業之一。換言之，其傳道活動的展開與台灣人有深厚的因緣。從以上他離開教職以後的工作與刊物上的言論可知，矢內原教授對基督教信仰之虔誠，他對宣教活動的投入與聖經詮釋的水準，已經不下於任何著名的傳教士。因此，要解讀矢內原的社會科學論著，同時也必須認識他的宗教信仰。我們可以說，矢內原著作中除了有精確的數字與嚴謹的社會科學研究論述之外，書中一貫的基督教人道主義關懷的精神，也是非常值得我們關注的焦點。

二、「殖民政策」之教學與研究

從作者生平回到《帝國主義下之台灣》這本著作。首先，我們來認識這本書出版的時代背景。這本書可以說是日本「殖民政策學」研究中，最具有批判思考的學術著作之一。日本在明治維新以後，先是開拓北海道繼而統治台灣，日俄戰爭後控制範圍更加擴大，在這樣的時代需求下，所謂殖民政策學才逐漸發展爲重要的學術領域。最早在大學中講授「殖民政策」這門課的是前述東京帝大的新渡戶稻造教授，而矢內原忠雄是其後繼講授者。除東京帝大外，其他公私立大學也已開設這樣的科目，比較著名且同屬批判本國殖民政策的教師還有京都帝國大學的山本美越乃（曾留學美國威斯康辛大學研讀經濟學，

1920年代以專書介紹最新歐美殖民政策學，頗負盛名）、明治大學的泉哲（曾留學美國哥倫比亞大學研讀國際法，其授課與著作皆提倡最新殖民地自治主義）等。1910年代以後，殖民政策的研究與教學已經相當受到重視，但這門課在剛開始時所採用的教材，都是歐美學者著作的翻譯本。因此，對於殖民的目的、殖民統治的方針等，只能照本宣科的介紹，既無自己的觀點，當然也沒有批判的能力。直到1920年代以後，日本累積相當的殖民統治經驗，加上國際局勢的衝擊，日本學界開始出現批判性的殖民政策學論述，如前述山本美越乃、泉哲都有相關的專書出版。《帝國主義下之台灣》就是在這樣的時代潮流下出版的代表性論著之一，更值得肯定的是這本不是西方理論引介的書，而是一本兼具實證研究的批判性論著。

殖民政策理論與實證之結合

　　一般而言，殖民政策學就是探討統治殖民地技術的學問。但是，矢內原在擔任這門課之教師後，開始感到必須對殖民地進行科學性的分析，而且必須採用如自然科學的方法論來進行。根據他的自述，他以科學的角度來看殖民地之後，清楚感受到殖民地才是帝國主義論的中心。原來，殖民地是處於世界的邊緣，對學術界而言算是微不足道的部分，但是只要換個想法就可以讓它變成中心。因此，他開始把殖民地視為帝國主義之理論研究與實證研究之核心。進行數年的教學工作之後，矢內原對帝國主義的理論已有充分的掌握，這時他開始計畫前往殖民地進行實證研究，而他選擇的第一個考察對象就是台灣。

　　矢內原身為帝國大學教授，又是殖民政策的研究者，前往台灣訪問並不困難。但是他認為，如果以這樣的身分前往，接受總督府官員的招待，那麼所有看到的內容、訪問的對象，都將會是符合統治基本

利益的部分。因此，他決定請自己熟識的台灣人擔任嚮導，如此才能
依照自己的想法，安排想看的地方，見到想要採訪的對象。引導人他
的台灣人就是蔡培火，兩人從1924年相識以來，已經培養了相當深
厚的友誼，對於殖民統治的批判也有許多共識【圖1-2】。從1920年
起，台灣知識分子爲對抗總督府的專制獨裁，開始發起台灣議會設置
請願運動，並設立台灣文化協會進行文化啓蒙的運動。然而，1923
年底總督府進行打壓，竟然以違反治安警察法的名義進行大逮捕，這
次事件被稱爲「治警事件」。被捕的名單中也包括住在東京的蔡培火
與林呈祿，隔年春天兩人獲得保釋後，一同前往矢內原家裡拜訪，主
要目的是爲了爭取他支持議會設置請運運動。此後，矢內原就開始
與蔡培火等人交往，並開始發表批判殖民統治與支持殖民地自治的言

▲ 圖1-2　1927年矢內原忠雄與蔡培火（財團法人吳三連台灣史料基金會　提供）

論，這些言行讓他很快就成為總督府警戒的對象，這應該也是他不願接受總督府安排的原因。

矢內原在1927年3月18日離開東京，隔天從神戶搭船，抵達基隆時由蔡培火等人迎接，然後展開調查的活動。直到4月28日，在蔡培火等人的送別下，他才從基隆港搭船返國。這次行程的安排，似乎讓總督府官員很驚訝，甚至可以說不歡迎他的到來。因為，矢內原調查的重點都集中於農民問題，包括二林蔗農與製糖會社的紛爭、竹山與斗六等地的竹林所有權爭議等。而且，接待他的主要人員都是抗日民族運動分子，這些人與殖民地官員原本就處於緊張對立的關係，如此當然會增加一些阻礙。但是，更嚴重的問題是台灣人抗日勢力的內部分裂問題。【圖1-3】

1927年1月，台灣文化協會的主導權已經被左翼青年所掌握，他們主張殖民地問題的核心是階級問題，批判原來的領導幹部大多為地主資產家，對於改革的要求不夠徹底，而且容易與統治者妥協。喪失文化協會領導權的舊幹部，當然無法接受階級鬥爭的運動理念，因此透過所掌握《台灣民報》繼續展開活動，因此地方上的對立逐漸擴大。矢內原來訪期間，在右派抗日領導人的邀請下也到各地演講，但卻經常遭遇到左翼青年的抗議與騷擾，他雖然感到困擾，但並未退卻，而是積極面對熱情的聽眾。從日後的著作中可以看出，他對這種抗爭路線對立問題非常清楚，雖然在政治運動與教育問題方面，相當支持蔡培火等右派的主張，但是對於無產階級被壓迫的問題，也提出深入的分析與檢討。

這一趟行程，似乎讓矢內原教授有相當深刻的感受，雖然原本他對殖民地人民的處境就相當關懷與同情，但實際走一趟後的感受必然更加真切。而且，透過這樣實證的調查研究，也可以充分印證他長期

▲ 圖1-3　1927年矢內原忠雄在台中與台灣議會設置請願運動者合影。
　　　　（前列左起鄭松筠、林獻堂、矢內原忠雄、蔡培火、韓石泉，後排左起陳
　　　炘、陳逢源、張聘三、林陸龍、葉榮鐘、莊垂勝）
　　　　（財團法人吳三連台灣史料基金會　提供）

鑽研的殖民政策理論。總而言之，有這趟訪問調查，才得以讓其《帝
國主義下之台灣》一書成爲社會科學經典名著。

人道關懷與批判論述的侷限性

　　在《帝國主義下之台灣》出版之前，已經有多位台灣總督府官
僚或殖民政研究者，撰寫有關台灣殖民統治的著作。矢內原在他書中
第二章開頭，就引用了竹越與三郎《台灣統治志》中的序言：「長期

以來白種人自認為開拓教化未開之國土，施以文明之德澤，是其重大的負擔。今日日本國民興起於絕東之海表，欲分擔白種人之大任，然不知我國民是否能承受黃種人之負擔。而今台灣統治之成敗，將可成為解答此問題之試金石。」接著他說明，在第4任總督兒玉源太郎與民政長官後藤新平統治下的近十年間，殖民地台灣治安恢復、衛生改善、經濟發達、財政獨立，殖民政策之成功讓國內外甚表驚訝。在這樣的情況下，矢內原認為前段引用的序言，是日本殖民統治台灣的凱旋曲也是讚美歌。言外之意，他並不贊同這樣的論調。實際上，在此之前出版的台灣相關著作中，大部分作者都是大力歌頌日本在台的治績，不僅對殖民統治的弊端視而未見，也從未紀錄被統治者的感受。《帝國主義下之台灣》跟其他著作一樣，大部分都是採用總督府的統計數據，但是這些數據的分析卻呈現出完全不同的觀點，矢內原對於殖民政策中歧視問題與壓迫農民等，提出嚴厲的批判與檢討，反思的論述中深切關懷殖民地被統治者的境遇，這是本書獲得肯定的根本原因。

　　當然也有人提出批判，認為矢內原的人道關懷根本不足以達成殖民地解放的目標，前述左翼青年在他演講會場的抗議，就是同時代出現在台灣的明顯例子。近年來也有學者認為，當時世界各地出現殖民地獨立運動，以及被壓迫的無產階級解放運動，矢內原所贊同的殖民地自治主張，實際作用只是延續日本帝國的殖民統治體制，因此其研究活動本身就是在建構另外一種殖民主義。更進一步說，矢內原忠雄從未表明支持殖民地獨立或階級解放的鬥爭，其人道關懷與批判論述有一定的侷限。以上的批評都有一定的道理，但是也應該放到同一時代來檢視，如此才能更進一步了解矢內原的侷限與定位。

　　當時對台灣被殖民處境表達關懷的日本知識分子，大略可舉出以下三人，除了矢內原之外，其他兩位分別是山川均和布施辰治。山川

均是一位民間學者，他的論點主要是根據馬克思的唯物史觀，雖然沒有參加日本共產黨，但主張社會主義的立場相當明確。他對殖民地台灣的關懷，主要是得力於連溫卿提供的資料。連溫卿本身就是召募左翼青年奪取台灣文化協會主導權的領導人。山川均根據連溫卿提供的資料，在1926年5月號的《改造》雜誌上發表〈弱小民族的悲哀〉一文，嚴厲批判台灣殖民統治之壓迫，這樣的論點，比矢內原的批判更為深刻，發表的時間也較早，深受當時許多台灣左翼青年的歡迎。然而，由於山川均沒有訪台的機會，其論點又沒有詳細的佐證資料，雖然是積極聲援台灣階級解放鬥爭的文章，但影響力還是無法與矢內原之著作相比較。

另一位布施辰治則是長期協助左翼人士的律師。布施因曾經支援朝鮮獨立運動，在2003年獲得韓國政府追贈「建國勳章」，是第一位獲此殊榮的日本人。1927年3月，布施也來到了台灣，他來台的目的是替二林地區因蔗農運動而被逮捕起訴的民眾辯護。布施幾乎與矢內原同一時間來台，而且也幾乎同樣地被邀請到各地發表演講，在會場也一樣地受到熱烈的歡迎。然而，他們兩人是由不同陣營的人士邀請，矢內原甚至遭到左翼青年的干擾。從兩人活動的對比來看，布施確實是一位關懷無產階級大眾的正義律師，而且是以殖民地獨立為解放運動的終極目標。然而，殖民地獨立解放畢竟還是屬於較難實現的理想，事實上，辯護律師布施離開台灣後，不僅二林事件被捕者中大部分都被判刑入獄，農民運動也受到更嚴厲的打壓。相較之下，矢內原的人道關懷與學術論述，雖然有其侷限性，但是對於撫慰受壓迫的殖民地人民，還是具有一定的效用，而且留下更深遠的影響。矢內原並未採取組織的行動，也不是運動的領導人，他以個人的言行盡其所能，因而能發揮一定的貢獻，我們或許可以說他是在平凡中顯示其偉大。

　　台灣史學者戴國煇在殖民地時代曾受過中學教育，因此早就認識到《帝國主義下之台灣》這本書的重要性，但是他在台灣苦尋未獲，因此1966年前往日本留學時，他急著閱讀本書，想要一窺究竟。於是他到舊書攤尋寶的第一個目標，就是這本著作，然而，他並未如願馬上買到，只能先到圖書館內借閱。戴教授這種急欲閱讀的心境固然令人感到好奇，但也正好反映了《帝國主義下之台灣》之於台灣人知識分子的重要性。如前所述，王育德在他撰寫的《台灣‧苦悶的歷史》一書中，不僅將《帝國主義下之台灣》稱爲「不朽的名著」、「台灣知識分子的聖經」，還特別強調自己反覆咀嚼其內容後：「本身現在還無法忘記當時所受的感動。」我們雖然無法確知王育德內心眞正的感受，但是可以想像一個愛戀故土卻流亡海外知識分子的心境。王育德讀後最感動的部分，應該是此書在學術分析之外兼具對弱者的人道關懷吧！

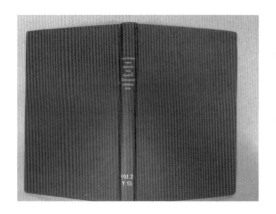

▲ 圖1-4　1934年出版《帝國主義下之台灣》俄文版封面（梅森直之　翻攝）。
該書現存於紐約哥倫比亞大學，矢內原忠雄教授曾於1957年到此瀏覽本書。俄文版
封面由楊威理先生翻譯如下：
矢內原忠雄（ЯУТИХАРА　ТАДАО）
帝國主義統治下之福爾摩沙
（ФОРМОЗА　ПОД　ВЛАСТЬЮ　ЯПОНСКОГО　ИМПЕРИАЛИЗМА）
國營社會經濟出版社
（ГОСУДАРСТВЕННОЕ　СОЦИАЛЬНО－ЭКОНОМИЧЕСКОЕ
ИЗДАТЕЛЬСТВО）
莫斯科（МОСКВА）

原書架構與改寫之原則

　　如前所述，《帝國主義下之台灣》是一本可以歸屬於經濟學之學術著作，而且出版已經超過80年的日文著作。目前雖然有中文翻譯本可供閱讀，但全書內容艱澀，若未輔以適當的解說，並不容易理解。有鑑於此，我採取解讀原著與譯本後，再將內容濃縮改寫的手法，向中文讀者們介紹這本經典名著。為呈現全書的概要，首先以目次呈現原書之章節架構如下：

第四章　台灣糖業的未來
　　第一節　國內消費與輸出
　　第二節　糖業與米作

改寫後度量衡換算表如下：

土地面積　　　1甲=0.96992公頃

重量　　　　　1擔=100斤　　　1斤=0.6公斤　　　1公斤=2.2046磅

容積　　　　　1石=1.80391公石　　　1公石=100公升

貨幣　　　　　日圓（當時1日圓幣值約為現今五千到一萬日圓）

　本書的譯本全文超過20萬字，筆者預定以大幅譯寫的方式，利用5萬字左右（約四分之一）說明其內容大要。以下我將以作者矢內原忠雄之筆調，濃縮翻譯全書，希望由此傳達其原有之論點，並讓大家理解上一代受日本教育的台灣知識分子為何深受感動。翻譯改寫過程中，對於一些屬於較不適合沿用之名詞，如「支那人」、「內地人」、「生番」（日文用「蕃」字）等則大致改為「中國人」、「日本人」、「原住民」等，但一些歷史固定用語如「理番」、「番界」，或一些日式名詞如「會社」、「獨占」、「原始積累」等，則繼續在本書中使用。台灣話的諺語中有一句「第一憨，種甘蔗給會社磅」，這是殖民地時代台灣農民的心聲，如果「會社」被替換為「公司」，則時代氣氛原味盡失。

　本書的改寫過程，用語的選擇一直是最困擾的問題之一。原文中「國語」當然是指日語，應該不會產生混淆，而稱呼台灣漢民族為「本島人」一詞，乃是最具時代象徵的用語，因此也都將繼續沿用。1920年代台灣社會精英推動抗日政治社會運動，開始以「台灣人」自稱，如此變化為台灣政治史最重要課題。因此，本島人翻譯為台灣

人，不僅原味盡失，也無傳達矢內原忠雄在某些特殊文脈中，不使用「島民」或「本島人」而改稱「台灣人」的人道主義精神。另外，還有一些「和製漢語」則採附加解釋的方式呈現。總之，各種譯寫轉換之嘗試，主要的目的就是要盡可能地呈現原書風貌，傳達作者的語氣與時代氣氛。

第二章　台灣的資本主義化

　　本章改寫自原書第一篇之「第一章　台灣的領有」，以及「第二章　台灣的資本主義化」之「一、土地問題」、「二、度量衡與貨幣制度」、「三、日本的資本家企業」與「四、財政與資本主義」，第二章剩餘兩節獨立改寫為下一章。所謂資本主義化，正是本書最重要的概念，本章刪去許多枝節的介紹，以及數據資料的論證部分之後，改寫為以下四節，以最簡明扼要的方式，呈現原書最主要的概念。同時，依照原來敘述，從日本帝國主義統治台灣的過程談起，進而分析台灣的資本主義化之歷程，包括如何建立各項資本主義化之基礎事業、培植壟斷資本家企業，以及達成殖民地財政獨立之意涵等問題。[1]

1.書中一再提到「帝國主義」之概念。矢內原採用前述霍布遜之概念，認為所謂帝國主義是指一個國家運用其強大的資本力量，對外展開政治性或經濟性之擴張行動。然而，當時日本資本主義尚未發達，何以能展開帝國主義的擴張行為呢？矢內原是透過日本佔領台灣，以及台灣資本主義化的過程，指出日本帝國主義具有「後進」與「早熟」之特質。

一、早熟的帝國主義

台灣島的面積比九州略小，只有
35,760平方公里，在17世紀重商主義[2]時
代，就曾遭到歐洲幾個國家的入侵。19世
紀末帝國主義時代，台灣又再度被列強視
為獵物。這兩次外來勢力競逐的過程，日
本都曾參與其間。

> 2.這裡所謂重商主義是指，西
> 歐16、17世紀資本主義發展
> 初期，商品經濟迅速發展的
> 情況。經濟學家為了區隔經
> 濟發展之過程，大致上將18
> 世紀以前的經濟思想與學說
> 稱為重商主義，這主要是為
> 了方便與日後的自由放任主
> 義做區分。

重商主義時代的台灣

16、17世紀西歐一些國家逐漸成為統一的近代國家，在經濟上
商業資本的力量意圖擴張，兩者結合之下，開始對外發展重商主義
式的殖民活動。這種殖民活動擴及到東亞之後，西班牙取得呂宋，葡
萄牙佔領澳門，兩國的勢力也到達了日本。葡萄牙在往北前進的途
中，船員發現了一個翠綠島嶼，於是將她命名為Ilha Formosa（美麗
之島），據說世界上有12處這種地名，其中最著名的就是台灣島。
當時，在這個島上設立據點，開始展開殖民地經營活動的是荷蘭。

明朝政府的統治範圍並未到達台灣，當時台灣是日本及中國海
盜的根據地。1624年，荷蘭人由鹿耳門進入台江，並在現在的安平
與台南建城，由巴達維亞的東印度公司總督統治，在台灣派駐領事
（Comprador），其目標完全是為了貿易的利潤。他們為了獲得商品
所以也獎勵生產，因此向中國大陸招募開墾者以拓殖農業。結果，
台灣的人口因而增加，米糖的生產與貿易也大幅地擴張，1650年時
砂糖的輸出就已經達到7～8萬擔，其中大半是輸出日本。1626年西

班牙為了保護呂宋和日本之間的貿易，曾在基隆與淡水築城，但在1641年被荷蘭人驅逐。

日本人在台灣的活動比荷蘭人更早，在日本的戰國時代後期就曾來到基隆、淡水、台南等地。1593年，豐臣秀吉曾遣使意圖接觸「高山國」（台灣）國王，勸其入貢；1615年，長崎商人村山等安獲得德川幕府之貿易許可證明來台。由此可見，當時日本對台已經從海盜的掠奪，轉為商業貿易的行為。因此，當荷蘭人統治台灣時，日本人在台地位已經相當穩固，荷蘭人要向他們徵稅，當然不被接受。1628年，甚至發生了柏原太郎左衛門、濱田彌兵衛等向荷蘭領事要求損害賠償的談判，但因為當時日本無組織性武力與政治之奧援，無法將荷人的勢力排除，再加上不久之後德川幕府頒布鎖國令，限制西方人到來並禁止民眾出國，日本與台灣的來往才被阻絕。當時日本在西歐重商主義國家的刺激之下，也呈現早熟的重商主義擴張的面貌。然而，由於資本與軍備的實力不足，既無法抵抗外國的入侵，也無法對外擴張發展，日本因此才實施鎖國政策。

帝國主義在台的競逐

1662年鄭成功驅逐荷蘭人進駐台灣，鄭氏的統治持續到1683年被清朝消滅為止。荷蘭人離開後的兩百年間，西方勢力暫時退出台灣，直到19世紀中葉，歐美展開資本主義的殖民地活動，西方勢力才再度進入台灣，而首先進入的便是英國勢力。1840年的鴉片戰爭曾波及台灣，1858年英法戰爭清廷戰敗，因而被迫簽訂天津條約，同意台灣的安平、淡水、打狗及基隆成為通商港口。此後隨著西方人的到來，德國、美國與英國等國陸續與台灣官府或原住民發生衝突，

這類紛爭以1874年日本派兵攻擊南台灣排灣族原住民的牡丹社事件之役最著名，且對清廷治台政策的影響非常深遠。1884年，中法戰爭波及到基隆、淡水和澎湖後，清政府才更進一步認識到台灣的重要性，因此決定將台灣改制為省，並且任命劉銘傳為巡撫。劉氏任內積極強化行政組織，並進行土地調查與近代化的經濟建設，但其改革並未成功，在任6年後去職。數年後即1895年，日本統治台灣與澎湖，結束了清朝長達212年的統治。

▲ 圖2-1 1920年代大日本帝國領域圖，錄自《帝國主義下之台灣》俄文版內頁（梅森直之 翻攝）

甲午戰爭日本獲勝之後，陸軍主張取得遼東半島，海軍主張取得台灣，雖然談判結果，和約中兩地都成為割讓地，但因法德俄等三國的干涉，遼東半島被迫放棄。對於台灣的割讓，西方列強也並非完全沒有意見，由於傳聞清朝為避免台灣與澎湖遭日本佔領曾有意讓渡給英國，但未被英國接受，因此法國也派出艦隊來到澎湖，並表明願意事平之後交還給清朝，但因劉永福曾在安南與法軍衝突，所以拒絕此項提議。此外，德國也想在東方取得一席之地，所以相當注意台灣的動向，後來是因為取得了膠州灣才作罷。但是，德國也不願讓法國取得台灣，因此當法國主張澎湖中立並禁建要塞時，德國表示

反對。最後，因日本政府宣告台灣海峽可以自由航行，並表示不會將台灣與澎湖讓與其他國家，才得以消弭列強的猜忌。1895年，統治菲律賓的西班牙也與日本政府協議，以巴士海峽爲界互不侵犯。

　　19世紀後半，帝國主義之列強爭奪殖民地的活動日益激烈，各國都想用壟斷資本的力量在東方擴張領土，這些國家當然也不樂見日本有永久佔領台灣的企圖。日本在這樣的情勢之下取得台灣，成爲帝國主義爭奪領土的一份子，但日本的經濟實力不具列寧所認定的帝國主義特徵，亦即未達到壟斷資本主義的高度發展階段。因此，甲午戰爭是民族戰爭？還是帝國主義的戰爭？日本取得台灣是民族主義的活動？還是帝國主義的活動呢？各界看法並不一致。

日本取得台灣的歷史意涵

　　1858年台灣被迫開港通商，日本在同一年與英美法俄荷五國簽訂安政五國條約，承認領事裁判權；1866年又與列強簽訂進出口均以從價百分之五計算的片面協定關稅。由此可知，台灣與日本都是在同一時期被迫接觸到歐美列強的帝國主義。當時台灣出現劉銘傳所推動的改革，包括行政軍備的充實改良，以及謀求資本主義式的經濟發展。而日本則是展開明治維新之變革，其結果讓日本從封建國家變成了近代國家。在外力壓迫之下，近代日本必須立刻變成歐美列強那樣，因此內部出現民權論與資本主義化之發展，對外則有征韓論與1874年的征台之役（前述牡丹社事件）。這樣的內外變化同時展開，實際上先是經濟建設，其次是開設議會，最後才因對外的膨脹而發動甲午戰爭。

　　日本在甲午戰爭之前，資本主義發展的經濟機制已經相當完備，

例如：1886年建立紙幣兌換硬幣制度，1890頒佈商法、確立公司制度，之後陸續頒行銀行條例、股票交易所條例，並設立票據交易所。雖然如此，但實際上日本的資本尚未成熟，尚未擁有向外取得殖民地來運用資本的實力。反觀當時英國或德國，都是在壟斷資本的積極活動下，催促或要求政府奪取殖民地，准許資本家經營專利性的殖民會社。亦即，日本未達類似其他西方列強的發展階段，既不是壟斷資本主義的國家，也無法展開金融資本主義的擴張活動，其殖民地經營還必須依靠政府的扶持與保護。

日本統治台灣之初，每年維持軍隊與政府統治機關的經費需要1,000萬日圓，其中700萬日圓是來自本國的補助。因此，有人認為擁有台灣是一種奢侈，甚至有人主張以一億日圓賣掉台灣，而議會也將補助金降低至400萬日圓。在這樣有限的預算範圍內，1898年上任的兒玉總督與後藤民政長官，開始規劃振興資本主義經濟之發展，首先是由政府推動設立新式製糖會社。台灣製糖株式會社股份的募集，官方出力甚多，而且每年還給予補助金。此外，殖民地中央金融機關的台灣銀行，也是在官方主導下設立。台灣銀行資本額為500萬日圓，依照政府制定的補助辦法，官方出資100萬日圓，五年內這筆資本額應得之股息必須當成「虧損補貼準備金」，這段期間股票絕不出售，同時還無息貸款給該行200萬日圓。在這樣的政策下，1899年台灣銀行才得以順利開始營業。

台灣銀行設立的目的就是開發台灣的財富，並將業務範圍擴張到華南與南洋等地區，成為促進日本與這些地區商業貿易的金融機構。此外，根據當時官方資料亦可看出，台灣是被規劃為日本往南發展的根據地。由以上經營台灣的型態與預期目標可知，日本統治台灣這塊殖民地，並非基於資本發展階段的內在需求，而是與歐美列強展開帝國主義爭奪領土競爭下的擴張行動。日本取得台灣，基本上具有

帝國主義的色彩與其意識形態，但實際上並未具備帝國主義的實質。因此，獲取台灣的甲午戰爭，並非單純的民族戰爭，而是具有「早熟的」帝國主義或帝國主義前期之性質。亦即，日本是先採取政治與軍事之行動，再發展實質的帝國主義式經濟擴張，從世界政治經濟發展的階段來看，這是「後進國」日本要加入帝國主義圈內必經的步驟。

二、資本主義化的基礎事業

　　台灣資本主義化的基礎事業，主要包括土地調查、度量衡與幣制改革等方面。這些基礎事業的完成，對於保障投資安全，讓資本家得以致力於經營各種事業，以及促進日本之資本投入台灣，具有重大的貢獻；加上從日俄戰爭到世界大戰後這段時期，日本的資本累積有飛躍的成長，也促使許多企業積極投資台灣。隨著台灣的資本主義經濟發達，對於日本資本的帝國主義式發展，當然也具有相當大的貢獻，這樣的發展是一種環環相扣的變化。

土地調查與林野調查

　　台灣的原住民族，即番人，遭到晚來的漢人霸耕侵占，雙方經常發生衝突，為此清朝政府劃界立石或設土牛溝設定番界，禁止民、番越界。在這樣的政策下，不服清廷統治的原住民，被稱為生番或高山番；服從清朝政府而居住平地的原住民，則被稱為熟番或平埔番。清朝政府承認後者擁有土地之業主權，同時禁止漢人侵占或購買其

土地。以上這種隔離居住與保留地權的措施，原本是要防止原住民與漢人的衝突，但漢人越界霸耕侵占的情形依舊，其效果相當有限。1874年，清政府在外來壓力下決定更改禁入番地之規定，全面開墾全島土地。

在前述情況下，台灣漢人所開墾的土地，其權利關係相當複雜。許多土地所有權人，並非土地開墾經營者，土地開墾為水田後，還經常轉租給佃農耕種。佃農須繳納田租給開墾經營者，一般稱為小租，而開墾經營者繳給所有權人的田租稱為大租，由此出現了所謂小租戶與大租戶。如果土地為番社所有，所繳的大租被稱為番大租。然而，大租權只擁有收租之權利，並不過問土地之耕作利用方式，小租權則還可以隨著經營方式而移轉，兩者之間的關係相當紛亂，結果造成不少土地沒有向官府繳納賦稅，這就是所謂的隱田。

清末劉銘傳曾經施行土地丈量、整理隱田之政策，以便確定全島土地之業主權，並希望能夠增加稅收。他的這項土地清賦事業是以小租戶為業主，使其成為納稅義務人，對大租戶免除納稅義務，但施行減四留六（減少收租的40%，保留過去的60%）。結果，由於官員的調查過於苛刻，以致遭到各方的抗拒而遭到失敗。日本統治台灣之後，也開始進行土地調查，其目的在於確定納稅者並讓土地交易方便進行，這是促進資本主義發展的基本事業。兒玉總督與後藤民政長官就任後，1898年設立臨時土地調查局，進行地籍調查、三角測量、地形測量。這項調查承認過去的大租權，但1904年以給予大租戶公債作為補償的方式，消滅其權利；1905年制定土地登記規則，規定除了繼承或遺囑外，強制以登記為權利移轉效力的發生條件。日本從事土地調查得到下面三項成果：第一項成果也是最主要的成果，是掌握了土地情況，獲得治安管理上的方便；其次為整理隱田，使課稅土

地之甲數增加，加上大租權消滅後地租提高，財政收入也隨之上漲；最後一項是土地的權利關係的確定，使得土地可以安全的交易。以上三項經濟利益，使得日本資本可以安心地在台灣進行投資。所以，土地調查是台灣資本主義化的基礎，也是日本資本征服台灣之必經步驟。

此外，1905年台灣總督府也進行第一次臨時戶口調查，1910年起則進一步展開林野調查，這是除上述田園土地調查之外，清查山林地之工作。結果，整理出的官有地共91萬6,775甲，民有地為5萬6,961甲。大部分的土地被認定為官有地，對資本主義的發展有很大的幫助。但實際上，官有地之中，有許多是人民長期從事經濟活動的「緣故地」。緣故地的產生，主要是因為過去民眾都是以口頭契約從事買賣，難以確定其所有權，而被納入官有地。因此，許多政府的官有地被設定為保管林，只要民眾繳納保管費，還可以繼續利用開發。由於緣故地的存在，土地的開發利用仍不免有所阻礙。因此，1915～1925年之間，總督府又展開官有林野整理事業，其原則是將林野土地分為「要保存林野」與「不保存林野」，其中不保存林野部分，若有利用、開墾等緣故者存在，即可提出購地申請。此外，申請開墾並獲得成效者，也可以買下該筆土地。至於台灣東部因原住民居住而較難調查的地區，也在政府的引導下，確立了私有財產制度，開始收取地租，從此國家取代了原本收租的頭家。林野整理事業就是維持官有地的完整，並使人民由「緣故關係者」轉為確定的所有權人，如此才能達成增進土地利用，防止林野荒廢之目標。官有地確立後，可以交由官方經營或撥給資本家運用，不論採取何種方式都有助於林野土地的開發。

經過以上的調查之後，台灣田園土地的所有權明確化，官有民有林野也有清楚的區隔，這種變化讓土地私有制確立，同時也顯示全

台土地受到了資本的控制，而私有財產制是資本主義經濟不可或缺的基礎。土地調查與林野調查整理不僅讓土地所有權確立，這也是引導資本投入土地開發的前置工作。但是，林野調查之後，還有番界內的土地不在總督府控制之下。因此，從1925年起，總督府又展開了森林計畫事業，開始調查整理山地原住民的土地。結果，部份日本國內之資本開始往番界林野發展，原住民則被迫遷居於平地聚落，並放棄原本的維生方式。總督府將原住民土地分為「番社有地（不開發保留地）」與「官有地」，官有地直接加以開發利用或售予民間人士，採伐林產與鳳梨栽培等企業，就是在這樣的情況下興起。總言之，日本資本就在上述情況下，逐步地征服全台灣之土地。

土地資本的原始積累

　　土地資本的原始積累[3]，必須依靠政府的強權介入。這種介入手法在耕地所有權之移轉，以及官有林野的確定與轉售過程中，清楚地呈現出來。在土地調查中，總督府支出377萬9,479日圓，消滅大租權，確立小租戶之土地所有權，這個過程並未採用土地沒收。新設立的企業需要收購大面積的土地，但台灣農民大多不願意出售其土地，於是政府往往藉由警察勸誘的方式或是強逼農民出售土地，這樣的情形在1908～1909年間，新式糖廠或私營農場在中南部購買土地時最常見。到了1920年代末期，資本企業已經普遍存在，所以土地的取得不再以強制收購的方法進行，而是演變為純粹的經濟交易。

> 3.原始積累是馬克思的用語，基本上是指資本形成的原始過程。他認為，資本主義的發展，會造成封建社會的農工階級與土地或生產工具分離，透過這個解體的過程才可以讓資本主義發展，這就是一種原始積累。

　　林野調查部分，雖然制定「保管林」或「緣故地」承購制度，但是大部分的土地則是劃歸官有地，等於是總督府以公權力進行沒收。隨後，官方又再移轉給資本家使用，這就是國家權力直接協助資本之原始積累。其中最著名的事例就是1908年以來持續發生的所謂竹林事件，這是官方將竹山、斗六、嘉義等地的竹林與造林地撥歸三菱製紙會社之事件。此外，目前所進行的番界林野利用，也是政府強權介入下之資本的原始積累。這是資本發展後必然的情勢，但官方應該採行適當的保留地制度，保障原住民的生活，以免再度遭遇霸耕侵占的命運，讓他們在快速的變革中還能逐步向上提升，成為富裕的農民，如此將可讓日本在台灣殖民史上留下一項光明之事例。

　　總督府並未像其他殖民國家進行土地沒收或共有地強制分割，對於耕地與林野的處理都進行慎重考慮並提出周詳計劃。然而，這種文明的辦法，實際上是在為資本的投入做準備，隨後再透過政府的權力，促成土地資本集中，這就是資本原始積累的過程。總而言之，權力就是原始積累的助產士。

　　此外，土地分配問題也是必須觀察的重點，特別是土地控制權逐漸歸屬於日本資本家的現象，最值得關注。台灣耕地所有與經營的集中，並未比日本國內嚴重，但是土地被壟斷的情況卻相當明顯。特別是日本資本家大力投資土地之後，這種現象更為明顯。例如，1926年為止，新式製糖會社擁有的土地與可掌握的佃農土地約為10萬3,838甲，佔全台耕地的八分之一，東台灣日本資本家土地控制的比例更高。初步統計，日本人擁有的土地約為全台耕地面積的一成五，但實際數量應該不只這樣。與耕地比較起來，林野被壟斷的情況以及由日本人掌控的比例更高，因為林野的壟斷是日本資本家與國家資本進入的結果。

　　整體而言，在土地調查過程中，台灣的地主權利被保留，因而擁有全台大部分的耕地。但是在製糖會社的擴張，以及資本主義迅速發展之下，耕地的控制權逐漸被具有優勢資本力的日本人資本家所侵蝕。土地集中現象愈明顯，農民無產化問題就愈嚴重，這類土地壟斷與日本國內資本家進入是台灣土地問題的現況，將來這種傾向會更顯著，這也是殖民政策研究最重要的課題。

確立度量衡與貨幣制度

　　社會經濟資本主義化的前提是生產物的商品化，而商品化的生產與交易，首先必須讓每個商品有定量的規定，包括商品大小與價格等。要處理這項問題，就必須確立度量衡與貨幣制度，唯有確立這類相關制度，並加以普及與統一，才能讓商品的流通更順暢，發展出資本主義經濟。因此，當殖民母國在殖民地發展資本主義時，不但要確立度量衡與貨幣制度，更要盡可能地使其與本國的制度相同，如此才能將殖民地納入母國的經濟領域之內。

　　台灣原本的度量衡都是中國式的，而且相當複雜。日本統治之初，隨即輸入日本式度量衡器，1900年實施台灣度量衡條例，1903年禁止舊式制度，1906年起由官方經營度量衡器的製作、修理與販賣。透過這些法規，台灣度量衡開始由中國式轉為日本式，同時藉由官營的方式，加速其普及程度，其進度與下述之貨幣制度改革步驟大略相同，這段時期屬於台灣的「日本資本主義化」之準備階段。

　　台灣在清代使用的貨幣也相當混亂，基本上是用銀幣，但種類繁多，重量不一，必須秤量計算。1897年日本雖然公布了貨幣法，實施金本位制度，但因經濟條件不同，無法在台灣實施。因此，總督府

決定准許銀幣繼續通行，1899年台灣銀行發行以一日圓銀幣爲基本
單位之銀行兌換券。這種銀圓法幣是過渡性質的貨幣，對統治機關與
資本計算單位帶來許多麻煩。直到1904年，台灣與金幣國家的貿易
額達到7成，台灣銀行才開始發行金幣兌換券，除了納稅之外，禁止
銀幣的通行，1910年起完全禁止銀幣與兌換券之通行。1911年開始
施行貨幣法後，台灣與日本的貨幣制度才告統一。在銀幣轉爲金幣的
過程中，日本資本對台貿易與投資金額增加，貿易中金幣所佔的比率
日益增大，加上逐步展開的貨幣制度改革，台灣與日本之間的經濟關
係當然更加強化。總體而言，台灣土地與林野之調查、度量衡及貨幣
制度統一的改革等，可說都是台灣資本主義化的基礎工程。

三、資本家企業的興起

　　在前述台灣資本主義化基礎事業之上，日本的資本家企業是如何
興起呢？對於這個問題我們將討論：第一，日本資本家在台灣總督府
的協助下，如何驅逐外國資本？第二，日本資本家如何從商業資本、
產業資本，更進一步發展到壟斷資本的金融資本階段？並轉而向島外
擴張之過程。

驅逐外國資本勢力

　　台灣自1858年開港以來，就被納入英美德等外國資本的勢力範圍內，他們以廈門爲據點，掌握台灣與大陸的貿易與金融之利益。直到日本統治之後，商業活動之權益才轉入日本資本家手中，貿易對象也轉向爲日本。以下從各產業的發展，可以看出日資排除外國資本勢力之過程。

　　日本統治台灣之前，台灣砂糖貿易由德記、怡記等多家洋行掌握，他們利用買辦制度，將資金貸放給製糖業者並簽訂收購契約，藉此壟斷砂糖生產與貿易利益。加上英商道格拉斯（Douglas）汽船公司控制當時台灣海運，以致砂糖業利潤幾乎爲外國商人所獨占。日本統治後，日本商行在台設立支店，並且打破買辦制度，改由產地交貨，直接與生產者進行交易。此外，在總督府協助下，台灣海運也由大阪商船會社所掌握。由於外國人收購裝運砂糖的管道被切斷，日本糖商才得以迅速擴張，1910年之後外國商人完全撤出糖業貿易。

　　台灣茶業也是被以廈門爲據點的洋行所壟斷，他們以匯豐銀行資金爲後盾，將資金借貸給媽振館後再轉貸給茶館，茶館再貸給茶農並進行收購，因此茶的買賣價格與砂糖相同，都是由洋行決定與包辦。1907年起，三井物產進入台灣經營茶業貿易，隨後更直接生產茶，將生產與商業資本結合，結果外國資本逐漸受到打壓，但因台茶的

▲ 圖2-2　台灣總督府專賣局總局（中研院台史所　提供）

貿易對象仍以西方國家爲主，所以外國資本並未被完全消滅。

　　在樟腦方面，英商怡和與德記曾勾結清廷官員走私出口樟腦，獲得巨利。清末台灣官員曾經一度想要將樟腦收爲專賣，但因外國商人的抗議而未實現。日本統治開始後，1895年頒佈「樟腦製造取締規則」，隔年課徵樟腦稅，引起了外國資本家抗議。1899年實施樟腦專賣制度，由得標者承包專賣，結果英商薩密爾（Samuel）商會得標；1908年總督府先將樟腦改由官方直接經營，再委託三井物產會社販賣，樟腦的商權才歸於日本資本家。像這樣，經由官方的強制收回，再移轉至日商手中，完全是著靠政府強權之保護。鴉片的經營權也是透過專賣制度，日本資本家才得以取代原有的外國勢力。

　　有關稻米的經營，三井物產從1901年起才開始著手，1904年日俄戰爭後，總督府曾委託三井物產代購30萬石的台灣米，這件事具有獎勵日商開拓稻米銷售管道之政策意涵。由於台灣米品種在未改良之前，主要以島內交易爲主，所以台灣人在稻米交易上擁有一定的勢力。但是隨著蓬萊米生產的普及，台灣米成爲輸出日本的貿易品之後，日本商人也開始介入稻米貿易，結果台灣人勢力衰退，稻米買賣部分落入日商之掌控。

　　1907年前後大部分台灣產業的貿易與海運都已轉入日本資本家之手中，這項貿易權轉移的原因大致如下：

　　㈠日商比外商或本島商人更具雄厚的資本實力。

　　㈡日本資本是以產業資本為基礎，再結合商業資本，故遠比只有商業資本的外商更具實力。例如，糖業方面從生產、銷售到融資都有相關企業的奧援。

　　㈢台灣銀行給予日本資本家密切的援助。

㈣國家專賣制度的實施，將商權轉移至日本資本家。

㈤國家直接給予日本資本家保護與輔助。

㈥日本與台灣之間的關稅取消，促使貿易路線由原本的台灣與中國轉為台灣與日本。

總體而言，日本資本之所以能夠驅逐外國資本，除了靠著自身的實力之外，還因為獲得了國家直接的或間接的支援。

從商業資本到產業資本

歷史上資本的最初型態為商業資本，而且是外國貿易資本。日本統治台灣前後，台灣的經濟僅單純地與外國商業資本有所接觸，內部並未資本主義化，屬於前資本主義社會的掠奪型態。然而，總督府建立各種基礎事業後，各種資本型態開始發展，社會內部的生產關係也趨向資本主義化。台灣的資本型態大致上是以殖民地貿易為開端來發展，接著商業資本家為了輸出，必然要大量生產殖民地某些商品，另外為了開拓進口商品的銷售，也必須在殖民地設立公司。由於殖民地沒有充裕的資本，為了擴大利潤，這些商業資本家往往就變成產業資本家。也就是，資本家獲利之後，大多會再投入生產，生產獲利之後又再從事商業活動，這就是商業資本與產業資本互相控制與結合之型態。例如：台灣製糖會社的最大股東是三井物產株式會社，兩者從生產到銷售有密切的關聯。此外，由於產業資本的發展與集中，依賴金融機構的支援更為明顯，結果銀行資本直接與產業、商業資本結合起來，進而發展為金融資本型態。

台灣主要產物茶、樟腦、米、糖，以及新興的鳳梨、香蕉產業等，都是以供給日本或外國市場為主的出口商品。由於外部市場的存

在，再加上前述各項基礎建設完成、金融機構成立，資本家企業化才得以達成，這就是台灣資本主義化之歷程。

　　日本統治前，台灣屬於前資本主義的經濟型態。直到1895年以後，近代銀行與近代公司、工廠才逐漸設立，使台灣走上資本主義化之路。例如，1902年成立的台灣製糖會社的橋仔頭工廠，可算是第一家近代化工廠。由表2-1「台灣資本家企業與資本額統計表」的數字可知，30年來台灣資本家企業激增的情況。資本家企業如此急速的發展，其根源不外乎日本資本與政府的力量所賜。

表2-1　台灣資本家企業與資本額統計表　　　　（資本或出資額單位：日圓）

年　度	會社規模 會社別（公司別）	會社數	資本額或出資額	已繳金額
1899年		3	10,170,000	8,860,000
1926年	株式會社	391	563,300,000	321,986,381
	合資會社	363	15,520,828	15,520,828
	合名會社	64	8,819,451	8,819,451

　　日本的資本是經過甲午戰爭、日俄戰爭與世界大戰所累積起來的。吸引日本資本投資的主要原因在於，台灣位於熱帶與亞熱帶的環境，而且擁有勤勉、擅長理財而生活需求低的住民，足以使企業的獲利率提高。當然，促使台灣快速資本主義化，並且發展到高度的資本型態的原因，除了企業本身的動向之外，政府的力量也不容忽視。有關政府政策以及所提供的援助，大致可歸納如下：

　　㈠確保治安、土地調查、幣制改革等基礎事業的建立。

　　㈡國家資本投入基礎建設。例如：鐵路、築港、官營林業。

　　(三)在行政與財政上，國家直接對資本家企業提供援助。例如糖業的獎勵，1900～1925年間政府共支出2470餘萬日圓補助糖業之發展。此外，台灣銀行、台灣電力株式會社與嘉南大圳等，都是由官方全額或是採取與民間合作的方式來經營，這些建設同時也推動民間企業的發展。

　　(四)人事方面之支援。台灣企業界裡充滿著退職官吏，台灣原本就帶有殖民地之性質，再加上資本急速的成長，所以需要大量優秀的人才來支援。但是，這種情況也有可能會導致企業官僚化，加重企業的人事成本負擔，並導致事業經營怠惰等危機。

　　(五)勸導設立企業。透過總督府大力的勸導，許多日本與台灣資本才投入台灣事業的開發。新成立的企業，都是由日本資本家掌握經營權，本島人則是在官方的「請託勸誘」下購買股票，成為單純的出資者，對於企業的經營亦不了解，於是本島人的資金成為企業的資本，完全被日本資本家所控制，這就是資本的原始積累。在這過程中官府是助產士，而「殖民政策」就是指導者。

　　整體而言，隨著日本國內資本累積的發展，台灣投資條件環境的改善，以及總督府的補助政策，台灣資本家企業獲得了充分的保護並迅速地壯大。

獨占壟斷的成立

　　台灣的資本家企業發展起來後，迅速地走向獨占化階段。這不僅是日本母國資本獨占運動的反映，同時也是透過總督府的協助，在溫室中發展的模式。所謂獨占或壟斷就是資本的積累與集中的一種現象，台灣糖業的發展過程，就是獨占壟斷資本形成的最佳例子。

1926年，台灣糖業中新式製糖會社的資本為2億6,001萬日圓，約佔全台株式會社（股份公司）資本額的一半。全台種植甘蔗的耕地總面積達13萬甲，蔗農戶數約為12萬戶，佔農家總戶數的30%，如果再加上三年輪一次種植甘蔗的耕

▲ 圖2-3　屏東糖廠（中研院台史所　提供）

地，所佔的農家戶數比例更高。1926年台灣出口到國外和日本的產品總值約2億5,000萬日圓，其中砂糖佔了1億日圓，出口砂糖中約有九成八的產量是來自新式製糖會社，由此可知其壟斷地位之穩固。

自1902～1928年6月底，新式製糖會社已由台灣製糖會社1家成長為11家，總資本額與產能也大幅度提高。在資本累積與企業膨脹的過程中，逐漸形成幾家有力的製糖會社，如果從資本與資金系統來看，主要會社為：三井系（台灣、沙轆製糖）、三菱系（明治、鹽水港製糖）、藤山系（大日本、新高製糖），這三大系統約佔製糖業四分之三的產量。甚至也可以說，台灣全部會社資本的半數、耕地面積的一半、所有的農家戶數，都在這三大資本家的糖業壟斷控制之下。

此外，1910年10月製糖業之卡特爾（Kartell）組織[4]的「台灣糖業聯合會」

4.卡特爾是指為了達成市場壟斷而建立的一種機制。為了對某種或某類商品的產銷施加某種形式的限制或壟斷，某些獨立公司或個人便組織聯盟，或是商定某種協議來達成目的。最常見的安排是協議共同控制價格或產量，或者是協議劃分市場範圍等。

正式成立。該會控制了販賣價格與原料生產，對外壟斷市場，而後內部逐漸由有力會社主導，故其獨占的地位日益穩固。新式製糖業在擴張事業時，必須投入巨額資金，需要財力雄厚會社投入，如此資金供給者即可控制企業，這是企業集中的必然公式。實際上，三井、三菱等日本金融家確實控制了製糖會社，使其成為日本金融資本主義之一環，所以台灣資本主義化的發展，也達到了金融資本壟斷的階段。

企業集中的過程不僅只在同一生產階段擴張，同時也會向各生產階段發展，形成混合企業。以糖業為例，從甘蔗原料栽種開始，再到製糖、運輸、販賣、糖果生產等過程中，製糖資本投入不同階段事業之經營，逐漸成為複合企業之型態，控制糖業的各種生產階段。此外，對於財力雄厚的資本家而言，其投資項目也不限於糖業，甚至會往其他產業擴張。例如，三井物產除了經營製糖業之外，在茶、米、鴉片、樟腦、礦業等各種產業，也都佔有一席之地，掌握了這些產業從生產到貿易的壟斷地位。由此可知，台灣產業資本完全受到日本資本勢力之壟斷，這種「地方性」的獨占，也進一步鞏固各企業在日本帝國中的壟斷地位。

獨占壟斷是由大資本的力量達成，但不少情況是來自國家權力的直接或間接的援助。資本與權力相結合，才能達成真正的獨占壟斷化。在殖民地台灣，官方權力與政策創造了如下資本家獨占壟斷之特殊情況。

㈠依據特別法所創立的壟斷企業，包括台灣銀行與台灣電力株式會社。台灣之各銀行資本總額為9,940萬日圓，台灣銀行為4,500萬日圓；總存款49億2,500萬日圓，其中台灣銀行佔了38億9,400萬日圓，由此可見台灣銀行在金融界的壟斷地位。台灣電力株式會社是依據1919年「台灣電力株式會社令」所設立，官方與民間共同出

資，當時台灣共有8家電力會社，產出27,000萬千瓦的電力，總資本額爲4,387萬日圓（1927年12月末），其中台灣電力株式會社佔發電量的63%，佔資本額的68%。

▲ 圖2-4　台灣總督府專賣局鴉片工廠（中研院台史所　提供）

　　㈡官營企業與專賣事業。鴉片、鹽、樟腦、菸葉、酒都是專賣事業，專賣制度促成官方壟斷這些事業，同時還利用委託的方式讓民間資本家以壟斷的地位經營。例如：日曬鹽的製造由總督府扶植設立的台灣製鹽株式會社獨占，工業用的鹽歸屬於專賣局製鹽所，台鹽輸日的貿易則交給大日本鹽業株式會社。簡言之，專賣制度就是利益的泉源，開創了國家與日本資本家的壟斷事業。

　　㈢受總督府特別監督的特殊企業，包括台灣青果株式會社與嘉南大圳等。前者由總督府規劃成立，處理水果的銷售、運輸等業務，獨占出口額達1千萬日圓的香蕉貿易；後者原先爲官營事業，因預算限制與工程浩大之故，改由公共埤圳組合來經營，政府則退居輔助和監督的角色，但其經營性質，應屬總督府壟斷事業。

　　以上都是與政府有直接關係的壟斷事業，台灣的經濟從前資本主義朝向壟斷階段飛躍性的發展，其中國家權力扮演了關鍵性角色。台灣的壟斷企業，都是來自殖民母國之資本家企業，因此日本資本在殖民地台灣的發展，實際上擁有帝國性與地方性之壟斷性質，同時也具

有後敘民族性之壟斷性質問題。

金融資本的島外發展

　　日本資本促成台灣的資本主義化，同時也再投資到其他地區，擴大其控制的區域，其中製糖會社與台灣銀行就是最好的實例。台灣的製糖會社，經過官方輔助與資本家投入而茁壯，掌控日本本土、沖繩、北海道、朝鮮的精糖、粗糖與甜菜糖，在帝國之內具有壟斷控制的地位，接著還向滿洲、上海及南洋擴展。台灣銀行也是以台灣為根據，再向外發展的金融機構，1900年後該行陸續於廈門、香港、日本各地增設分行，然後還在倫敦、紐約、孟買設立「出張所」，提供海外日本人企業提供融資協助。以下就試論台灣銀行的對外關係。

　　㈠貿易的推進。首先，該行改善日本與台灣之間的匯兌問題，使兩地的貿易大為增進。其次，協助官方獎勵貿易政策，開辦日本經台灣到南洋或華南之匯兌業務。第三，該行也協助台灣的對外貿易。例如，1911年台灣產糖過剩亟需輸出時，該行降低糖輸往上海的匯兌利息，以及協助台灣包種茶輸往爪哇。第四，幫助日本國內的業者展開對外貿易。由此可見，台灣銀行的營業區域不僅限於台灣，實質上她也推動帝國之國外貿易銀行。

　　㈡在中國與南洋投資。台灣銀行在華南發行鈔票與銀元，有助於日本商品與貨幣在當地的發展，也可視為扶植日本資本勢力。在對華中投資總額1億8,200萬日圓中台灣銀行佔了4,900餘萬日圓，其餘金額由台銀、日本興業銀行、朝鮮銀行組成的「對話經濟借款共同借款團」負責，台灣銀行分擔額為4,300萬餘日圓，可見得台灣銀行不論是單獨或是參加投資銀行團，都是對華投資的一大勢力。此外，台灣

銀行又在中國等地設立中日銀行等子公司，作為投資的中介機構，並在南洋開設分行，給予當地的企業家金融援助。

　　前述的給予匯兌補助，或為協助企業發展在各地設立分行等，都顯示出台灣銀行帶有援助資本向外輸出的特性。1927年台灣銀行曾因鈴木商店倒閉在經營上受到嚴重打擊，當時是靠政府投入3億日圓國民稅金才得以存續，但事後她還是積極累積資本並支援南進，扮演日本資本往帝國主義發展之執行機關角色。

　　整體而言，日本資本在台灣的發展，首先是驅逐外國勢力，然後發展資本家企業，在帝國內部與地方上建立獨占壟斷的地位，接著再以台灣為基礎，展開對外的發展。台灣的資本累積，屬於日本帝國主義資本累積的一部分，同時也成為推動帝國主義發展的原動力。

四、資本主義化與財政獨立

　　日本獲得台灣之初，財政必須仰賴國庫的補助。但是，在總督府銳意的經營之下，經過9年半，國庫支出3,000萬日圓的補助金之後，就達成財政獨立的目標。以法國經營安南為例，從1887～1895年最初的8年間，即由國庫補助7億5,000萬法郎（3億日圓），到了最近才不需國庫補助，法國即慶幸新殖民政策之成功。雖然，法屬安南與台灣的面積、人口等有所差距，但迅速讓台灣財政獲得獨立，不能不說是日本殖民政策的重大成就。

台灣歲收增加的原因

1896年台灣歲入的965萬日圓中，中央政府的補助金佔了694萬日圓：1897年歲入的1,128萬日圓中，補助金佔了590萬日圓，由此可見日本統治台灣是財政上的很大負擔，兒玉總督與後藤民政長官就任後，最主要的施政目標就是謀求台灣財政的獨立。依照其財政計劃，原本預定要到1909年度才能獨立自主，沒想到竟然提早在1905年以後就達成目標。這段期間台灣歲收增加的原因，主要在於土地調查、專賣事業、公債及地方稅的實施。

首先是土地調查，調查後掌握到的土地面積增加，稅收當然也跟著增加。而且，土地所有權可以依據法律移轉，以及透過整理大租權所發放的公債，促使彰化銀行、嘉義銀行與各地金融組合的設立，這些不僅促進土地財產資本化，也有助於台灣的資本主義化。此外，官方進行的鐵路、築港、水利等基礎事業就如同是資本主義的大企業，這些建設透過台灣銀行發行公債或是短期借款，吸收資本投入建設。這樣的結果，不僅讓官方基礎事業獲得台灣銀行的援助，同時也增進台灣財政發達。總督府之專賣事業，共有鴉片、食鹽、樟腦、菸葉與酒等五種，這些事業不僅可以增加財政收入，而且更能振興或發展為近代產業。例如，任何酒類的生產與販賣都受到總督府監督，但是製糖會社所生產的酒精，以及日本資本家所生產的啤酒，卻不在專賣之列。這明顯是在保護日本資本家大企業，使國家資本與日本資本壟斷台灣酒類的資本主義化生產。

1898年總督府實施地方稅制度。所謂地方稅制度，就是收支預算的編列與流用，完全由總督自由裁量。這時歲入可分為特別會計之外的一般稅收，以及來自特別會計的補助金等兩部分，但國庫的補助金一旦編列為地方稅，帝國議會就完全無法監督。根據地方會計的制

度，總督府課徵的稅收，不必經過帝國議會的同意，而且歲入可自由使用在台灣統治與產業等開發方面。根據表2-2「地方稅收入中之國庫補助款統計表」可知，除了有兩個年度是例外，其餘在1900-1927年間，地方稅會計中，國庫補助金額大約佔每年歲入的三分之一以上。地方稅的使用範圍甚廣，包括地方廳費、衛生費、警察費、教育費、土木費等。1920年10月地方行政制度變更後，州、廳與市街庄等都成爲獨立的財政主體，擁有徵收部分稅項目之權利，但是總督府對於地方財政的干涉並未因此減少。總而言之，地方稅制度可說是總督專制政治的武器，但是對於台灣財政獨立與殖民政策之實施，確實有極大的貢獻。

表2-2　地方稅收入中之國庫補助款統計表　　　（單位：日圓）

年　　度	地方稅收入總額	國庫補助金（特別會計）
1900年	3,309,983	1,300,744
1905年	5,526,924	2,453,341
1910年	6,656,330	1,567,434
1915年	9,222,514	3,020,504
1920年	22,777,721	9,215,926
1927年（預算）	15,320,437	1,748,935

公共投資達成的效益

　　除了地租增加與專賣制度的收入之外，製糖業發達後砂糖消費稅激增，也是總督府稅收增加的重要原因。例如，1910年砂糖消費稅收入爲1200萬日圓，佔當年歲入的五分之一。由於歲入增加，再加上稅金可由總督府自由運用，所以公共投資大幅度成長。1905年以前，許多基礎事業必須依賴公債的募集，此後都改以歲入來支出。例

▲ 圖2-5 濁水溪橋樑演變圖（中研院台史所 提供）

▲圖2-6　基隆港（中研院台史所　提供）

▲圖2-7　甘蔗品種演變圖（中研院台史所　提供）

如，高雄到基隆間的縱貫鐵路、基隆與高雄築港工程、林野調查、各地官廳房舍之興建等，都是由歲入支出。

　　台灣總督府將歲入大量支出在各項建設上的做法，曾引起有識之士擔憂與批評。這樣的做法或許有欠周詳，但是對於資本家來說，卻是大有助益。包括給予製糖會社的糖業補助金、台東鐵路與桃園大圳等基礎事業、電力事業與阿里山林業的官營、林野調查等，這些財政的支出，對於台灣資本主義的興起有很大的貢獻。1905年財政獨立後，總督府歲入每年快速增加，特別是1910年較上年度增加1,500萬日圓（約30%），因此每年都有剩餘金。從總督府的建設來看，就可以知道官方是如何消費這巨額收入。第5任總督佐久間左馬太時代，甚至還進行大規模的「五年理蕃事業」，這項政策花費鉅資，而且損傷不少人命，因而遭致不少批評。但正如前述，這項政策在林野與番界的資本主義化基礎事業上，具有相當重要的意義。

　　1911年後，因為颱風與水災的襲擊，導致必須支出許多修復費用，再加上帝國議會要求將砂糖消費稅轉為一般會計收入，對於總督府的財政收入造成不小的影響。隨後總督府增加土地稅，經營酒的專賣，重新發行公債等，以彌補財政缺口，但整體而言，台灣的財政仍相當寬裕。就1927年日本國家的預算來看，台灣總督府的歲出預算為1億1,200萬日圓，臨時部預算為3,200萬日圓，其中包括事業費、酒專賣開辦費、官營事業費、對民間土木鐵路海運之補助費等，這些幾乎都是扶植產業發展的支出。由此可知，總督藉著豐富的稅收與靈活的財政運用，針對公共事業投入大量的資金，對於產業的開發、促進資本家企業的發展，以及台灣的資本主義化等，都有極大的貢獻。

　　但是，近年來總督府投入大筆的經費，進行嘉南大圳的建造，而且對海運界給予補助金，要求以1萬噸級的汽船做為日台航線標準

客船。如果針對這兩件事情來看，其計畫已經超出台灣住民之經濟所需。這樣的政策造成巨額的財政支出，不免有規模過大而不相稱之感。在殖民地的施政，或基於殖民者高官的要求，或是為了誇示母國的尊嚴，或因高等殖民政策的需求，經常會出現超越當地住民經濟力之大規模設施，如此將會有浪費財政預算之虞。

台灣住民的財政負擔

　　台灣的財政獨立，經濟也日漸富庶，但住民的財政負擔卻相當沉重。根據統計，1904年的歲入（包括中央與地方），台灣住民每人平均負擔額為4.554日圓，較日本國內的3.343日圓和法屬安南的2.18日圓高出許多。台灣住民與日本住民的財政負擔，實際上很難以數字來比較，因為如果不參照該社會的財富程度，人民負擔的輕重自然無法比較。但考量各種條件與統計數字之後，台灣住民的租稅負擔確實過重。多位台灣殖民政策研究者都曾表示，台灣住民的財政負擔不輕，其原因在於政治因素。後藤新平也坦言，由於當初輿論對殖民地統治有嚴苛的批評，為了快速尋求財政的獨立，因而採取加重殖民地人民負擔之應急措施。

　　總督府為了達成台灣財政獨立，促使台灣資本主義化之發展，對台灣住民帶來了不少負面影響。也就是說，為了讓日本資本家容易發展，刻意地壓抑本島人資產家的資本競爭力，同時也造成一般住民的無產階級化，這樣的結果與稅制有密切的關聯。台灣財政獨立，其主要的財源在於專賣，因為在前資本主義社會，直接稅並非主要財源，必須以間接稅為主，尤其是專賣收入。從總督府特別會計歲入統計中可以看出，豐富的台灣歲入，大部分是島外及島內消費者的間接負

擔，尤其是進入1920年代後更加沉重。直接稅就是對於財產與所得課徵，間接稅及專賣收入是由一般住民所負擔。在以間接稅為主要財源的制度之下，很容易造成資本家獲得保護而住民無產階級化。

由於台灣財政逐漸富裕，因此在帝國議會的要求下，台灣財政中部分特別預算的財源被轉為一般會計。結果，從1914年起，巨額的砂糖消費稅等輸出到日本的商品稅收，開始被編入一般會計。一般來說，消費稅是商品消費地的收入，將對日輸出的砂糖消費稅併入台灣特別會計之歲入，實質上就是獲得日本的財政補助，若是將其移入一般會計，就等於台灣財政已經獨立。相對地，從1909年起，只有少額的進口關稅在日台關稅統一的名目下，被歸入台灣的特別會計。如此一來，台灣的歲入大幅減少，因此總督府增加了「建築用地土地稅」（1915年）、提高「土地稅」（1919年）、課徵「第二及第三種所得稅」（1921年），及「酒類專賣」（1922年）收入等，以填補特別會計歲入上的缺口。如此快速地增稅，加重一般人民的間接負擔，是促進住民無產階級化的原因之一。

總結而言，台灣財政不論在歲出或歲入方面，對促進台灣的資本主義化都有重大的貢獻。但是，台灣財政的獨立，免除日本國內納稅者的負擔，卻轉嫁給台灣的納稅者，尤其是中下階層民眾受害最大。此外，這樣的財政制度，助長了本島人資本家與無產階級之間的分化，同時也壓抑本島人資本家，提高日本人資本家地位並增強其競爭力。換言之，這種財政制度最適合資本家壟斷勢力的發展，對於以日本人資本家為中心的台灣資本主義化也有很大的助益。

第三章　日本帝國主義下台灣的地位

　　本章改寫自原書之第一篇「第二章　台灣的資本主義化」之「五、階級的關係」、「六、台灣在日本帝國主義下的地位」。將這兩節改寫成獨立的一章，是為了充分說明台灣資本主義化的結果，特別是有關台灣與外部的關係，亦即如何被迫依附於日本帝國主義之情況。本章中作者矢內原的論點，部分包含了對同情台灣住民處境之看法，甚至描繪自己心目中人類社會的烏托邦。主要內容是分別針對台灣社會的階級分化，以及台灣與母國之間資本、商品與人口的移動進行分析，藉此釐清殖民地台灣對日本帝國主義擴張過程的重要性。

一、殖民地台灣的階級分化

　　日本的殖民活動不僅讓台灣走向資本主義化，同時也帶來資本主義的階級關係。其演變過程不僅讓台灣人社會內部開始產生階級關係的分解與變質，且隨著資本主義化之日本人的遷居，同時也移入了資本主義的階級關係。在台灣，階級面的對立與民族面的對立，兩者有時結合起來，有時則互相對抗，可以說是交錯在一起。這是因為本島

人的資本主義階級化，並非由社會內部發展而來，而是日本人殖民活動之外來因素所引發的，這是殖民地社會發展的共同特徵。以下將以殖民者與原住者的對立為主軸，比較各階級組成之人口比例。

第一，資本家：資本家階級之中，包括日本人與本島人。首先，以資本額達50萬日圓且總社設在島內的銀行與公司為例，由日本人經營的公司具有壓倒性的優勢，特別是在銀行和大規模產業方面，本島人只有在一般性的公司或商店經營上佔優勢。此外，還有許多日本大公司在台灣設置分社或支店，包括銀行、保險公司、製藥、水泥、輪船等公司，都在台灣擁有強大的勢力，這些公司不用說當然是掌握在日本國內資本家手中。實際上，許多島內公司即使名義上負責人是本島人，真正經營權還是由日本人在掌控。例如，華南銀行、彰化銀行、新興製糖會社等重要本島人會社，皆由日本人掌握經營實權，所以台灣的資本家階級可以說大部分都是屬於日本人。

在台灣擁有實力的日本資本家，可分為定居台灣者與居住本國者等兩種類型，其中大部分都是屬於居住本國者，也就是屬於不在地資本家（不住在當地的資本家）。以帝國製糖為例，公司股票90%屬居住本國者，定居台灣的日本人只佔3%，本島人只佔7%。不在地資本家過多，對台灣經濟有不良的影響：第一，對於土地或企業的改良，抱持相當冷淡的態度；第二，財富流出，不在台灣從事生產或投入消費，對本地的企業或勞工毫無助益。即使是定居台灣的日本資本家，大多也是帝國資本家的駐台代表，或是以台灣為據點的地方資本家。總督府的施政與這些資本家利益有密切的關聯，因此他們具有相當大的影響力，其中最有力的人士甚至被稱為「民間總督」。

其次是本島人資本家，如前章所述，他們大多是透過大租權公債，在政府或有力人士的勸導下，從封建的土地資產家轉型為資本

家階級，少部分則是獲得政府給予專賣制度等特權的新興資本家。這些人部分是在政治上屈從，部分則從屬於日本資本家，無法掌握經營權。當然並非所有本島人資本家都甘心屈居於隸屬的地位，其中亦出現採取對抗策略之經營者，他們在某種程度上也成為本島人民族運動之支援者。本島人設立擁有經營實權的企業，當然不受日本資本家歡迎，因此直到1923年為止，總督府在法令上禁止純粹由本島人經營的公司成立。即使最近出現了純粹由本島人經營的金融企業大東信託，其營業方面還是不斷受到日本人金融勢力與政府的阻擾或干涉。這是以民族界線為區隔的資本家競爭實例。大致上，台灣的資本家階級可以採用以下的分類方式：

以上(A)(B)(C)的利害一致且與政府相結合，而(D)則是與本島人中產階級或無產階級合作，站在民族運動共同戰線上的勢力。但資本家的勢力之中，還是以(A)(B)兩者最為強大，相對地，本島人資本家若非屬於寄生或屈從者，也只能採取局部的對抗而已。

第二，農民：台灣總人口的五成八是農民，大部分屬於自耕兼佃農或純屬佃農。隨著台灣的資本主義化，農民與土地的關係從封建體制轉為資本主義體制，大部分農民不僅很難擁有土地，連選擇耕種不同作物的自由都被剝奪。特別是耕作製糖會社所有地的佃農，由於有

義務種植甘蔗，本質上等於是製糖會社的工人。即使是自耕農，在預付耕作資金的限制下，也負有栽種一定數量甘蔗的義務。依照採收區域的限制規定，甘蔗只能出售給指定的製糖會社，收購價格又是由會社片面決定，結果讓農民近乎成為會社的長期傭工。換言之，12萬戶蔗農（約農家戶數之三分之一）間接或直接屬於蔗糖會社的工人。特別是最近，蔗糖會社為了對抗米作的威脅，積極擴張自營蔗園土地，讓農民幾乎成為會社的單純農業勞工。此一會社利潤來源之「機密」，正是後敘蔗農問題之根源。

除了製糖會社，台灣還有屬於資本家經營的會社農場，農民在這樣的農業經營之下，從事茶、麻、鳳梨等工業原料之栽培，本質上接近於農業工人，這樣的情況相當常見。台灣農民絕大多數是本島人，1909年以後，西部台灣有部份日本國內農民移墾，但並未成功。同時期東部花蓮港廳內，也設立官營的移民村，主要以從事甘蔗耕作為主，現今人口僅約3,800人，廳內還有部分原住民從事稻米耕作，種族分布較為複雜。但台灣的產業重心在西部，而這個地方的農民全都是本島人。

第三，勞工：台灣的勞工絕大部分是本島人。近年來，日本國內漁民的移住者雖有增加，達到4,000多人，礦工也有400多人，但還是無法與1萬8,000多人的本島人礦工相比擬。最初在台灣設立的資本家企業，雖然採用了不少日本國內技術工人或礦工，但隨著本島人技術的提升，以及日本人工資成本過高等因素之影響，勞工階級幾乎都屬本島人。日本人大多屬於高級職工，居於貴族勞工的地位，發生勞資爭議時，他們大多是站在資本家的一方。在民族關係上，這些日本人勞工與日本人資本家結合在一起，也是不足為奇。

隨著資本主義化的進展，農民與勞工等階級興起並展開組織性

運動，這是社會發展的必然趨勢，台灣在1925年之後就可以看到這種現象。例如，抗議製糖會社剝削而成立的二林蔗農組合，及抗議製糖會設收購土地而成立的鳳山農民組合等，就是最具代表性的例子。此外，1927年高雄鐵工所、1928年高雄淺野水泥會社，也相繼發生罷工事件。這樣的發展與華南地區及日本國內的社會運動有密切的關聯，但不可否認地台灣資本主義發展已經到達了一定的程度，其本身社會關係的內部矛盾，才是導致這類運動發生的主因，絕非部分人士煽動或外來影響等因素而已。這類階級運動與日本統治初期武裝抵抗運動，其性質完全不同，農民與勞工組織的成立，本身就是台灣資本主義化的例證，也是這個發展過程中必然的產物。

第四，中產階級：台灣的土地集中程度較低，有一小部分有力的中產地主階級存在，他們在面對製糖會社的壓迫時，與農民階級有共同的利害關係。因此，他們往往成為農民組合的有力成員，這不僅是民族面的問題，也與其經濟基礎有關。而且，他們成為中小資本企業家，對抗來台的日本人中小工商業者，由於生活費與經營費的差距，日本人處於不利的地位。在行政技術上，總督府也很難像保障獨占的大資本家那樣地扶植日本人中小工商業者。因此，本島人的中產階級就成了台灣民族運動的核心勢力。

第五，會社職員、官吏與公務員：大資本家企業的用人，即公司上班的職員，幾乎都是日本人。日本國內資本家企業不用說，即使是華南銀行這類本島人資本的行員，百名中本島人不過6名，其他公司也大致相同。本島人受教育階層並非不存在，而是不被採用，以致企業領薪階層由日本人獨占。此外，官吏與公務員也是幾乎由日本人獨占。高階官員不用說，中級官員也只有30餘名，在朝鮮並未發生這種情況。在台灣的日本人官吏還有五到六成的加給，加上其他優惠，

所以生活容易、權力很大、利益豐厚，1920年代衛生狀況已大幅改善，此時台灣可以說是官吏的樂園。退休後，還有各種會社、組合等機關願意延用，在1925年行政改革時，大批土地曾放領給退職之官吏，讓他們成爲地主。霍布遜在他的論著《帝國主義論》一書中說：擁有殖民地可以獲得利益因而主張佔領的階級，無非是資本家與官吏等。誠如其言，台灣就是一個最具代表性的例子。

第六，自由業：亦即教師、醫師、律師等，總數以日本人較多，但醫師則是本島人較多。因爲，台灣總督府醫學校早在1899年即開辦，且專收本島人子弟。許多本島人資產家，讓子弟習醫後即可開業，這種自由業不受官廳或資本家拘束。特別是在官界與實業界受到日本人獨占的情況下，更讓本島人知識階級只能往醫師這行發展。今日，許多醫師成爲台灣文化、政治、農民勞工運動的先驅者或指導者，其原因亦在此。過去總督府忽略高等教育，但因爲急於改善衛生而創立了醫學校，沒想到培養出來的醫師竟然成爲今日台灣民族運動的領導者，這也可以說是台灣統治政策所導致的一項結果。

從以上分析可知，台灣的資本主義化，讓台灣住民的階級關係也轉化爲近代資本主義體系下的型態。也就是，資本家與農民或勞工階級之間存在著對抗關係，加上殖民者日本人與本島人、原住民等原住者也有對立之情勢，致使階級關係與民族對抗相互交錯，這種複雜狀況是殖民地台灣的特色。大體而言，台灣的官吏公務員、資本家及其用人（公司職員銀行員）由日本人獨占，他們背後有政府及大資本家當後盾；農民勞工階級大部分是本島人。亦即，日本人獨占總督府與大資本及企業，成爲政治與經濟的支配者。因此，日本人對本島人的民族對立關係，不僅是政治支配者與被支配者的關係，同時也與資本家對農民勞工這樣的階級對立有著對應關係。

二、資本、商品與人口的移動

　　就大英帝國而言，帝國內各殖民地之間的貿易，在經濟發展上具有相當重要的功能。然而，日本帝國與各殖民地間的貿易，並沒有那麼重要，因為包括地理上與經濟上，殖民地主要都是與本國結合在一起，其中台灣就是一個明顯的例子。台灣成為殖民地之後，很快地就與母國成為同一經濟圈，而且財政也很快地就獲得獨立。不論是財政上還是貿易上，台灣都是日本最有經濟價值的殖民地，並且相當於印度之於英國或爪哇之於荷蘭的重要性。

　　殖民地的經濟價值，通常在於接受母國的輸出資本、商品或移民，同時也要提供母國原料與糧食。然而，理論上或實際上殖民地供應本國資本與勞動力的情況也有可能發生，因此殖民地對母國的價值問題，必須要詳細探討兩者之間有關資本、商品、人口移動等三方面關係之問題。

　　第一，資本的移動（投資與吸金）：在資本主義社會，剩餘價值是由商品的生產過程所產生。但是，在兩個生產力階段不同的資本主義社會之間，或是資本主義社會與非資本主義社會之間，其商品交換本身即可獲得剩餘利潤，這就是殖民地貿易具有掠奪性的原因，清末到日本統治初期台灣的對外貿易就有這種特質。當時台灣的交通與通訊不完備，市場僅限定於地方性，加上農民的經濟尚未充分商品化，產品的價格受制於以交換為專業的商人。這些外來的商人，知道農民的貧困，利用「放帳」制度，以出售其產品作為交換條件，先預借資金給農民。這類資本家的活動，透過預借資金制度，間接控制生產，且又收取預借款的利息，由於同時包含了產業資本與放貸資本的活動，其商業資本的利潤充滿剝削性。

　　日本統治台灣後，積極進行資本主義化，因此如前所述產業資本、商業資本與銀行之放貸資本以各自的管道進入島內，亦即日本資金開始對台輸出。首先，由於台灣的利率較高，日本的放貸資本便輕易地流入台灣，因而影響全國利率的提高。然而，隨著資金的流通，到1917～1918年間兩地的利率逐漸趨向一致，企業家較容易取得事業資金，因而促進了產業資本的導入（詳見表3-1）。近年來，由於資金的需求，放貸資本反而出現由台灣倒流回國內之趨勢。

表3-1　《台灣銀行二十年誌》中銀行貸款日息比較表　　（單位：厘）

利　息　日息　年度	最　　高			最　　低		
	全國平均	島內其他銀行	台灣銀行	全國平均	島內其他銀行	台灣銀行
1900年	3.86	—	4.50	2.68	—	3.70
1901年	3.95	—	5.00	3.80	—	4.00
1902年	3.81	—	5.50	2.74	—	3.50
1903年	3.45	6.00	5.00	2.47	2.80	3.00
1904年	3.37	5.50	4.50	2.47	4.12	1.60
1915年	3.15	4.40	2.80	2.16	2.50	1.80
1916年	2.99	3.60	2.50	1.95	2.47	1.80
1917年	2.85	3.32	2.70	1.89	2.19	1.50
1918年	2.96	3.09	2.50	1.77	2.23	1.50

　　資本家企業在殖民地台灣，原本就具有壟斷性，而勞工與農民的結合又相當微弱，剝削的情況當然更加明顯。特別是在反亂弭平、基礎建設完成之後，台灣的投資環境更為優異。再加上台灣屬熱帶與亞熱帶氣候，土地豐饒、生產力大、住民勤勞、生活程度低、工資也低廉，對資本家而言相當有利。其中島內與日本工資的差異，更是特別利潤之重要來源。台灣的製糖會社與電力會社創辦時，原本就受到總

督府的協助，1927年金融恐慌發生時，爲了救濟台灣的金融機關，國庫又提撥了2億日圓的特別融資。受到這樣的保護，台灣的資本家企業獲得特別的利潤，因此日本國內企業界不景氣時，資本大量流入台灣，由此可見台灣具有資本輸出的價值。特別是在日俄戰爭之後，台灣充分發揮作爲商品市場與資本輸出地的殖民地效用。

　　根據相關資料推算，1926年底日本人在台灣的投資額約爲13億日圓。台灣與朝鮮相較起來，面積只有15%，人口只有31%，但會社資本總額卻高於朝鮮，其中工礦業最明顯。總而言之，台灣資本家的企業化程度，明顯高於朝鮮（詳見表3-2）。此外，從資本額的增加速度來看，台灣也比日本國內要快得很多。例如，從1909年到1925年這段期間來看，已繳資本額或投資額全國約增加了近八倍，而台灣則增加了十一倍多（詳見表3-3）。由此可知，台灣具有日本資本輸出地的高度價值，是無可否認的事實。

表3-2　台灣與朝鮮企業投資金額統計表　　　　　　（單位：千日圓）

區　域	會社總計			工礦業部份		
	會社數	資本額	已繳資本額	會社數	資本額	已繳資本額
朝鮮	1,276	447,282	216,361	315	72,451	43,344
台灣	647	537,230	336,607	211	351,132	226,772

表3-3　全國與台灣之投資情況比較表　　　　　　（單位：千日圓）

區　域	會社總數		已繳資本或投資額	
	1909年底	1925年底	1909年底	1925年底
全國	11,543	34,345	1,367,164	10,890,000
台灣	63	751	31,093	350,531

　　台灣不僅是投資地，也是吸收資本的地方。如前所述，日本人設立公司時原本就會爭取本島人的資金。此外，1904年起官方開始在台灣發行公債，1896年則開辦郵政儲金，這些都有吸資作用。對於處於前資本主義階段，而且不習慣信用經濟、不相信總督府的本島人而言，最初都是在政府熱心勸導下，才願意購買股票或公債，如此才讓「退藏貨幣」轉為儲蓄，並進而資本化。然而，最大的問題在於利用此法吸收來的資金，並未以合理之利率貸款給台灣本地企業家或個人，主要的放款對象都是日本國內或國外企業。以1925年的統計為例，日本帝國主義明顯地是將島內吸收得來的資金，大半運用於日本國內或海外的事業經營（詳見表3-4）。由此可知，台灣銀行不僅是殖民地銀行，更是日本帝國主義的銀行，其所有者與經營者都是不在地資本家。台灣銀行不是「台灣」的銀行，真是讓人感到悲哀，如果

▲ 圖3-1　台灣銀行本店（中研院台史所　提供）

不是要追求極高的利潤，台灣應該有不少可以興辦的事業，可以開發的資源，以及可以支援的人民。由於台灣的信用組合並不普及，借貸方面人民還遭受著「土壟間」（碾米業者）高利貸的剝削。如果台灣的金融機關能對島內經營與土地開發多盡一點心力，考慮庶民的金融需求，不僅可降低銀行經營的風險，也可增進台灣的繁榮。然而，帝國主義是爲了追求獨占利潤才投資殖民地，而且又在該殖民地吸收資金，亦即站在不在地資本家的立場，將殖民地視爲墊腳石，拓展海外投資，以便讓靠利息生活者獲益。從資本移動的角度來看，帝國主義下殖民地就是處於這樣的地位。

表3-4　1925年台灣島內銀行貸放款的統計表　　　（單位：千日圓）

類　別	總　計	台　灣	日　本	外　國
全體銀行放款	737,681	249,194	419,364	69,123
放款百分比	100.0	33.8	56.8	9.4
全體銀行存款	155,965	96,205	29,411	30,348
存款百分比	100.0	61.7	18.9	19.4
台灣銀行放款	619,286	140,789	416,868	61,628
放款百分比	100.0	22.7	67.3	10.0
台灣銀行存款	92,807	36,282	28,173	25,352
同百分比	100.0	39.1	30.4	30.5

　　第二，**商品的移動（貿易）**：台灣的貿易過去是以中國與香港爲主要對象，日本統治台灣後，透過投資、金融、海運、總督府政策及日本人的往來，台灣貿易逐漸轉向日本。這項改變的最重要因素是關稅制度的導入，日本將關稅制度適用於台灣之初，還是根據不平等的協定稅率。明治初年以來，日本外交最重視的目標，就是修改這類不

平等條約。以甲午戰爭爲契機，透過對外交涉才在1899年提高進口稅率，平均增加了三倍，同時也廢除輸出稅。台灣的對外貿易雖然也適用新稅率，但輸出稅則繼續徵收，對於銷往日本國內的產品則徵收出港稅。徵收出港稅的商品都是台灣輸往外國的特產，如茶、乾魚和鹹魚、龍眼、麻線、藤等，其稅率與輸出稅相同，只有茶的出港稅較低。不僅稅率不同，基本上台灣對外貿易稱之爲輸出入，與母國的貿易則稱爲移出入。

透過這項進出口的特殊稅制，產生如下的效果。第一，日本與台灣的商品同樣受到關稅的保護，過去日本商品轉由香港進口的現象消失，因爲直接從日本國內進口較便宜。第二，必須徵收輸出稅而無出港稅的台灣商品，都被日本國內市場吸收，特別是米、砂糖等重要商品，其影響層面相當大。第三，與歐美修改新稅率時，還簽定最惠國條款，但這類條款都不適用於中國，結果中國的商品受到嚴重的打擊。到了1910年，隨著糖業的發展，產量與輸出量激增，輸出稅與出港稅才被廢除。1911年以後，完全廢止與歐美的協定關稅，日本與台灣兩地市場都受到更完善的關稅保護。台灣與日本的貿易，原本只佔台灣與外國貿易額的四分之一而已，日本統治30年後，台灣與日本的貿易變成是台灣與外國的三倍，這項變化的社會意義就是，切斷台灣與中國的紐帶，使其經濟貿易與日本結合。

如此所達成的目標是，讓外國，特別是中國的商業資本家勢力衰微，並使日本資本家容易進入，極端不利於在中國擁有據點的一些台灣資產。其次，本島人日常生活也受到影響，因爲本島人都是福建廣東的移民，其生活原本就屬漢人模式，平時必須從中國進口金銀紙、爆竹、食材等特殊的商品，進口稅率若提高，當然會增加本島人日常生活的負擔。相反地，從日本輸入的商品便宜，本島人生活中當然逐

漸取用日本商品。殖民地與母國的生活方式、生活條件不同，但卻被統合在關稅同化的制度之下，如此對殖民地原住者的生活與消費，往往會造成一些不利的影響。直到1907年，考量習慣上本島人日常生活之所需，才針對14種中國商品採特別輸入稅以降低稅率。1911年稅率修改時，也對這類商品以免稅或低稅率的方式處理，這些都是考量本島人特殊情況而採取的辦法。

　　殖民母國在尚未資本主義化的殖民地，首先會促使其生產商品化，進而發展資本家企業。然而，要讓何種產物商品化呢？這不是殖民地內部可以決定的，而是取決於母國市場與母國資本的要求。因此，殖民地主要商品大多是輸出型商品，特別是輸往母國的消費商品，這類輸出商品大多採用單一耕作（Mono-culture）的模式。然而，單一作物化之後，由於經常受到價格波動與資本家剝削之影響，結果往往讓殖民地人民更加貧困。以台灣為例，其主要的產業為砂糖，雖非單一耕作，但也佔了大約一半。就台灣五大農產品來看，除了茶葉主要是銷往外國之外；砂糖與香蕉主要是輸向日本，其增加率最大；而台灣人經常食用的米與甘薯，其產量增加的速度驚人，主要也是輸往日本（詳見：表3-5）。然而，進一步分析後可發現，米與甘薯的出口量超過增產之數量。由此可知，島民並非先滿足自己的消費後，再將剩餘輸出，而是將自己生產價格較高的米賣到日本，然後再買外米補充，藉以滿足島內的需求。

表3-5　台灣五大農產品之收穫量與增加指數

	收穫量 （單位：米／千石，甘蔗等產品／千斤）			指　數		
	1902年	1912年	1925年	1902年	1912年	1925年
米	1,693	4,047	6,443	100	239	481
甘蔗	683,158	3,159,599	8,839,833	100	462	1,294
甘藷	501,160	1,121,767	1,908,915	100	224	381
香蕉	—	12,027	267,642	—	100	2,379
茶	12,764	22,379	20,904	100	175	157

　　這種不是先求三餐溫飽之後再將剩餘輸出的做法，是違反商品生產社會的法則。商業資本家藉由米的二次移動獲得利益，台灣的農民也獲取部分利潤，得以改善其生活。但更重要的是，上述的交易一部份已被資本家充當利潤，當然不會回到台灣島內，其次當資本主義的政府在各種經費加重而增加財政負擔時，為轉嫁給島民必然要提高稅收。因此，出口增加就認定住民的財富增加，是相當危險的說法，特別是不在地資本家眾多的台灣必須更加謹慎。例如，台灣的砂糖完全屬於資本家的商品，其利潤不屬於一般民眾的情況最為明顯。

　　一般人認為殖民地的主要價值，在於可以成為母國工業製品的市場，同時又可以扮演母國糧食與原料的供應者。亦即，殖民地貿易是工業國對農業國、精製品對粗製品的貿易。從重商主義的角度來看，原本殖民地就是為母國而存在，殖民地產業要視母國之商品需求而定，過去台灣就是處於這種地位，因此大家認為不需要考慮工業發展。然而，殖民地的投資，只要能夠獲得利潤即可，未必要依照商品貿易的原則。換句話說，只要能控制母國及殖民地的壟斷資本，投入於可獲得最大利潤之產業，不必在乎其地點是在母國或殖民地，這就是重商主義時代與今日帝國主義對殖民地認識與政策的差異所在。今

日台灣製糖會社進口爪哇原料糖，投資再製糖的製造設備，或設立水泥工廠，就是依照這個原則。

　　從台灣進出口貿易的統計可知，台灣大體上是：日本食品原料、特產品（茶、樟腦）的供給者，同時成為其工業品的市場；同一商品則以高級貨品供應日本，再設法進口次級品。此外，台灣成為日本商品轉運站的同時，也發展本身的工業，逐漸開拓外國市場。亦即，台灣的貿易不僅具有殖民地貿易的特徵，同時也逐漸成為日本帝國的商品轉運地，以及工業品生產地。根據統計，1926年日本進出口貿易總額的17%是與殖民地間的貿易，而與台灣的貿易總額是6.1%，約佔殖民地間貿易的三分之一。這樣的數字不足以認識台灣的重要性，但如就個別商品來觀察即可看出，台灣的砂糖、香蕉、米、酒精等在日本的重要性。1897～1898年時，台灣砂糖佔日本消費額22%；到了1924～1925年時，日本砂糖消費額中67%由台灣供應。1925年日本國內酒精產額僅5萬2,000石，因此從台灣購買7萬2,000石，台灣另外還輸往中國6萬4,000石，由此可見台灣的產量之大。近年來台灣米銷往日本國內市場，其供應量也迅速增加，此外香蕉、樟腦等特產更是具有獨占的地位。

　　台灣是日本工業品的市場，特別是重工業產品與肥料，台灣市場存在的重要性最為明顯。台灣對外貿易是微小的入超，但是與日本的貿易卻是巨額的出超。與朝鮮比較起來，台灣對日本國內貿易出超的比例更為突顯，兩地雖然都是日本原料品與糧食的供應者，但台灣的生產力與出口量都比朝鮮高很多，這是台灣成為日本南方寶庫的根本原因。

　　第三，人口的移動（移民）：日本資本隨著國家勢力進入台灣，再隨資本的活動而有商品貿易的進行，人口移動也因而出現。即官

吏、資本家與其從屬者的移民，是在台日本人的基本成員。在新附的殖民地要組織政府或興辦資本家企業，最初需要各種的移民，這是因爲殖民地原住者尚未習慣負擔近代政府及資本家企業的傭工職務。然而，在此要談的移民問題，主要是在農業移民的問題方面。

1909年起，台灣總督府曾積極展開官營移民事業之規劃，但是到了1916年間，因許多計劃失敗而廢止。另一方面，東部台灣則有私營移民計畫的進行。1917年官營移民計畫失敗後，總督府曾訂定私營移民獎勵規則，但結果都沒有成功，最後在1926年以後，才改變移民政策，變成鼓勵西部本島人赴東部開墾。移民計畫失敗之主要原因在於，其目標完全以栽培甘蔗爲目的。原則上，農村之建設應該是以糧食自給爲基礎，以甘蔗栽培爲主必受制於製糖會社，東部會社與農民的關係近乎農業勞工雇用關係，甘蔗收購價格過低，農民不僅無法維持生計，加上風土病的打擊與衛生設備的不佳，移民計畫會失敗就根本不足爲奇。

總督府認爲必須推動日本國內農民移墾計畫，其理由有以下四點：爲鞏固台灣統治、日本民族向熱帶發展、紓解日本國內過剩人口，以及國防上與同化上的需求等。然而從結果來看，日本人居民的人數在國防上及同化上，並未達成任何功效。東部移民村人口合計約達3,800人，在移民村的建設上或有些許的成效，但與本島人對原住民的同化力比較起來，原住民同化於日本的情況幾乎等於零。部分日本人農業移民是製糖會社招募而來的，然而西部已有眾多熟悉種植甘蔗的農民，日本國內移民顯然沒有其必要性。其中較爲明確的理由，應該是總督府移民政策中所謂：依照台灣的風土實行「有關日本民族永居熱帶地的各種研究」。亦即，促使日本人移植台灣，成爲「帝國南方發展之先驅」。這類具有帝國主義性質的意圖，與台灣銀行設立

的旨趣大致相同。儘管有這樣的移民計畫，實際上日本人在台灣的人口，1913年底時僅133,937人，陸續增加到1926年底時為195,769人，從這樣的人口變化來看，台灣要成為日本過剩人口移住地的價值不高。目前住在台灣的日本人，大部分都是公務員、自由職業、工商業者，屬於農民身分的移民相當少。

總而言之，日本人對於台灣的移住，在理念上雖然具有帝國主義的特徵，但依實際情況來看，對於解決日本人口過剩問題的效用不大。東部的移民村儘管稍有成果，但是若想以東部為日本人在台灣的民族根據地，教化並同化原住民，據守天險圍繞為一個天地，以備他日本島人反抗時可具有國防效果，如此兒戲般的想法可謂杞人之憂。若是真有如此之憂慮，不如好好研究並實行讓本島人不懷反抗之心的殖民政策。

以目前的情況來看，東部的開發，首先應考慮現存日本人移民村的改革，其次保障平地原住民權益，讓山地原住民下山定居，並收容過剩的西部本島人人口。然後在此排除資本家企業的入侵，收購會社關係未墾地，讓日本人、本島人、原住民都能以自耕農或協同的方式進行生產，不讓西部的鉅額資本累積與大量商品出口的型態出現，在此協同的經濟關係上，形成一個和平、自由的社會。亦即，不以資本家企業勃興為目的，而以建立不同人種構成的殖民地社會，大家一同過著和平協調的生活為目標。若能進行這樣的殖民地社會實驗，則渺小的東部台灣，在人類殖民史上可以獲得最重要的地位。借亞當‧史密斯的口吻來說，這或許是我們的烏托邦。相較於把東部台灣視為同化及國防上日本民族根據地的這種烏托邦想法，我的理想應該是無害且較具可行性，甚至還可以淨化我們的心靈。

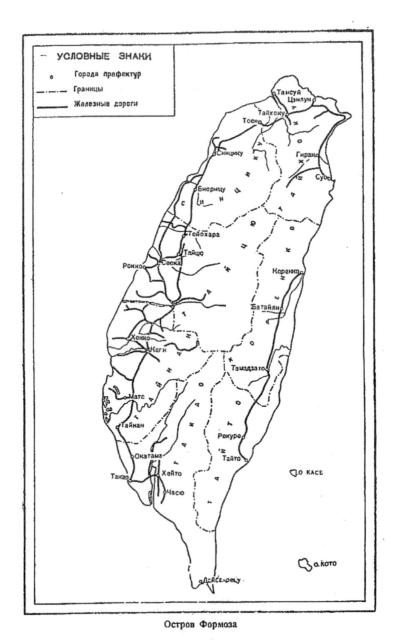

▲圖3-2　台灣全圖，錄自《帝國主義下之台灣》俄文版內頁（梅森直之　翻攝）

　　取得台灣爲日本帶來了多少經濟利益呢？這是一個很難計算清楚的問題。例如，爲了救濟台灣銀行的經營虧損，國庫支出了2億3,700餘萬日圓，這項支出是由日本國內一般國民負擔。但是，這項救濟的目標是爲了維持台灣島內、華南與南洋之經濟帝國主義，未來在帝國主義殖民政策下若能獲利，直接受益者卻是資本家。一般國民或許也能間接受益，但是爲何資本家的損失必須由一般國民來負擔呢？當然獲得補償的資本家與未來獲益的資本家並不一定相同。但不論如何，帝國主義的殖民政策，一般國民不僅無法獲益，甚至遭到很大的損失。這樣的情況從台灣的經營即可看出來，因爲這是日本殖民地中，最明顯達成高度資本主義化的地方，帝國主義經營殖民地所面臨的各種問題，全都在此呈現。

第四章　殖民地台灣的諸問題

　　本章改寫自原書之第一篇「第三章　教育問題」、「第四章　政治問題」與「第五章　民族問題」，這三章的內容將按照原書的比例，略加修改章名後改寫為一章共三節。將三章濃縮為三節，並不是表示忽略這三章的內容，從改寫後總字數中所佔全書比例來看，反而是擴大了這部分的份量。充分介紹的主要原因在於，從這三章中清楚看到作者矢內原對於被殖民者的關懷。矢內原認為，日本帝國主義對台灣的殖民統治，在經濟上運用日本資本進行資本主義化，教育上則推展教育的近代化，兩者都是藉著國家權力來推動，而其壟斷的情勢也大致相同。亦即，日本人霸占了接受高等教育的機會，同時也獨占政治、經濟與社會上的優勢地位，這種政策當然引發本島人推動民族運動。因此，矢內原大力批判統治者的同化教育政策、充滿民族歧視的統治政策，並大力聲援台灣議會設置請願運動、無產農工階級的抗爭運動。

一、同化教育的問題

　　在日本統治之下，台灣教育的發展是由國家權力來推動。例如，1896年起總督府在各地設立的國語傳習所（兩年後改稱為公學校），就是官方為了推行國語（日語）而設立的初等教育機構。另外，還有國語學校，分設「師範部」與「實業部」，分別培養公學校師資與農工技術人員，其中「國語部」屬於普通中等教育。在此值得注意的是，日本人學童與本島人學童分屬不同的教育系統。日本人學童在初等教育階段就讀於小學校，畢業後還可繼續接受中等教育。相對地，本島人學童則就讀於公學校，畢業後雖然也有少數的中等教育機構可供繼續升學，但修業年限僅四年，教育內容之程度比日本人的中學程度為低。此外，1899年創設的總督府醫學校，雖然專收台灣人子弟，但程度還是低於日本的醫學專門學校。1915年，本島人發起在台中籌設私立中學之運動，結果雖然迫使總督府設置公立台中中學校，專門提供本島人子弟就讀，但修業年限還是比日本人的中學少一年。

日本人壟斷高等教育

　　1919年台灣總督府頒布台灣教育令，建立較完整的學校教育體系。但依照該法令，日本人與本島人是分別在不同的學校體系接受教育。1922年，官方又頒布新的教育令，宣稱在教育上已不再有日本人台灣人的區別，並強調這是台灣教育史上前所未有的改革。其中較具體的措施包括：初等教育方面，常用國語者就讀小學校，不常用國語者就讀公學校；中等以上的學校，則全部改為共學制等。另外，也設立高等學校，到了1928年還開辦台北帝國大學。

從以上教育的變遷可以發現，早期統治官員關注的焦點大部分集中於經濟，教育並未受到重視。直到1919年，因第一次世界大戰後民族運動風潮波及台灣，為了因應本島人對教育與文化的要求，並考慮日本人子弟的增加，才開始增設高等教育

THE FRONT GATE OF TAIHOKU IMPERIAL UNIVERSITY.　臺北帝國大學正門

▲ 圖4-1　台北帝國大學校門（中研院台史所 提供）

機構。在此之前，本島人與日本人教育系統不同，所受的教育內容也是程度較低，制度上處於附庸的地位。1922年新教育令頒布後，形式上日本人與本島人共學，高等教育機構大增，教育制度也較為完備。但實際上，統治者依然無視於本島人初等教育的需求，主要還是注重日本人子弟所需的高等教育，以便讓他們壟斷接受高等教育的機會。

台灣初等教育不是義務教育，加上地方政府必須負擔經費，因此本島人學童就學率不高，甚至低於教育經費由國家支出的原住民。例如：1926年學童就學率分別為：日本人98.2%（男子98.3%，女子98.1%）、本島人28.4（男子43.0%，女子12.3%）、原住民71.8%（男子74.3%，女子69.4%）。在這樣的情況下，統治者還致力於高等教育，對本島人而言，是頭重腳輕的教育制度。這種現象在印度更為明顯，充分凸顯出殖民地教育的特徵是：培養統治的幫手，以及採取愚民政策之特徵。1922年以前，日本企圖藉由降低本島人教育程度，使日本人取得指導者的地位。現在則是在制度上美其名為共學，實際上則多方限制，以確保日本人的統治者地位。從以下：「表4-1 1921年與1926年各級學校學生人數統計表」中，可以看出增設各級

學校的結果，本島人學生數雖有顯著的增加，但高等專門學校人數反而出現銳減的情形。

表4-1　1921年與1926年台灣各級學校學生人數統計表

種族別	小學校		公學校		中學校		高等女學校		師範學校	
	1921年	1926年	1921年	1926年	1921年	1926年	1921年	1926年	1921年	1926年
日本人	21,157	24,721	5	12	1,230	2,242	1,227	2,976	135	494
本島人	213	1,136	169,542	209,591	317	1,718	607	1,213	1,533	1,014

種族別	實業學校		高等學校（尋常科及高等科）		醫學專門學校		高等農林學校		高等商業學校及商業專門學校	
	1921年	1926年	1921年	1926年	1921年	1926年	1921年	1926年	1921年	1926年
日本人	627	996	79	368	93	123	—	111	132	243
本島人	596	682	2	43	343	168	110	7	187	76

再者，台灣原有的教育機構除了本島人原有的書房，還有西方傳教士開設的各種學校。日本統治之下，書房與傳教士設立的學校開始衰退，公立學校興起（詳見：表4-2書房數、公學校數與兩者學生數統計表）。這種情形與日本企業家壓迫台灣本地資本，並驅逐外國資本的情形如出一轍。

表4-2　書房數、公學校數與兩者學生數統計表

年　度	書房數	書房學生數	公學校數	公學校學生數
1899	1,421	25,215	96	9,817
1902	1,623	29,742	139	18,845
1903	1,365	25,742	246	21,403
1904	1,080	21,661	153	23,178
1926	128	5,278	539	216,011

語言同化政策的問題

　　教育的主軸是「國語」（日語），它是手段也是其主要內容，亦即透過以國語為中心的教育來同化本島人與原住民。世界上許多殖民地，普通教育都是用土語，高等教育才用本國語。然而，總督府則是從公學校起就開始使用國語，漢文（台灣話）只有每週二小時的選修課，中學以上學校漢文是教日本式的讀法。這樣的教育在文化傳達上事倍功半。從理論上或殖民地實況來看，語言之同化不可視為民族之同化。政府不設法在生活層面上以友愛的態度來統治，僅企圖透過學校國語教育來同化本島人，實為緣木求魚也。即使國語教育具有部分同化效果，但是到了1920年本島人國語普及率也只有千分之28.6而已。總之，直到1919年為止，政府專注於建立統治權力與資本家勢力，而忽略本島人的教育。這樣當然無法達到同化或傳達文化之目的，唯一達成的目標是日本人壟斷了政府與企業內之地位。

　　蔡培火在《告日本本國民書》一書中，對語言同化政策強烈地提出批判：「不允許我們有個性的存在，讓我們的語言成為無用之物，我們除了勞動之外，一切活動的機會全被剝奪。而且，服從阿諛成為我們要遵守的美德，有骨氣或正義感的節操徹底地被壓制。（中略）啊！同化！假汝之名的國語中心主義，拘束並壓抑我們的心靈活動，將人完全無能化，一切政治、社會的地位皆由母國人壟斷。」

▲ 圖4-2　大稻埕女子公學校縫紉課（中研院台史所　提供）

　　台灣人只有少數能享有高等教育的機會，但他們還是無

法獲得政府或公司採用的機會，因而往往成為「高等遊民」，有識
之士則轉為民族自覺之先鋒。他們創立
台灣文化協會從事民眾啟蒙運動，蔡培
火甚至規劃以台語羅馬字來普及知識，
但遭到總督府禁止。另外，本島人發行
的週刊《台灣民報》，直到1927年7月才
獲准在台發行，日刊的發行至今尚未獲
准。*總之，這些措施很明顯地是要確保
日本人穩坐統治者之地位。

*《台灣民報》不久之後改名為
《台灣新民報》，1932年4月
才獲准發行日報。戰爭時期，
被迫改為《興南新聞》，戰爭
結束前夕，在官方報紙統合政
策下被併入《台灣新報》，報
社幾乎等於瓦解。

衛生改善與鴉片專賣

　　總督府在政治、資本與教育成功地壓制並驅逐台灣原有的勢力與
外國勢力，唯獨在宗教方面毫無收穫。歐美各國在其殖民地，雖然在
政治、經濟上進行壓制與剝削，但部份宗教家成為當地居民之友，以
宗教的教化來稍加緩和被資本家剝削的痛苦。然而，這種情況在日本
殖民地完全看不到，致使日本對台灣的統治，成為純粹的帝國主義支
配之型態。

　　總督府最值得稱許的成就，大概是在於透過衛生設施的改善，以
及撲滅了鼠疫、瘧疾等疾病吧！包括自來水、下水道等相關設施，雖
然都是以日本人居住地區為優先，但本島人隨後也因而直接受惠。到
目前為止，本島人的死亡率還是很高，可見生活水準尚待提升、衛生
情況也還有待改進；而出生率方面則不論日本國內或台灣都很高，詳
見：「表4-3日本人、本島人與朝鮮人的出生率與死亡率統計表」。

表4-3　日本人、本島人與朝鮮人的出生率與死亡率統計表（%）

出生死亡率	出生率					死亡率				
地　區	台　灣		朝　鮮		本國日本人	台　灣		朝　鮮		本國日本人
種族別	日本人	本島人	日本人	朝鮮人		內地人	本島人	內地人	朝鮮人	
1906年	27.1	39.7	－	－	28.9	20.2	34.4	－	－	19.8
1914年	30.8	42.8	28.6	28.1	33.7	15.0	28.7	19.7	19.3	20.5
1925年	35.0	42.9	24.0	38.4	34.9	11.5	25.1	17.9	20.7	20.3
1926年	32.7	44.8	23.8	35.8	34.8	12.6	23.1	16.6	20.4	19.2

　　台灣衛生方面，最大的問題在鴉片問題。由於統治初期即採納當時擔任內務省衛生局長後藤新平之意見，實施專賣制度，限定取得執照的鴉片癮者才能吸食，然後透過取締與教育措施，以達成逐漸禁煙之目標。在統計上，鴉片癮者雖然減少了，但專賣收入的金額在1919年以前卻是逐年增加，詳見：「表4-4取得鴉片吸食執照人口與鴉片銷售數量金額統計表」。其理由是頂級品吸食者增加以及鴉片漲價，但實際上可能是由於財政收入的誘惑，致使鴉片漸禁的方針不能徹底執行。目前的社會與日本統治之初迥然不同，鴉片不能等待其自然消滅，今後必須嚴格取締非法吸食者，早日達成貫徹禁煙之政策。

表4-4　取得鴉片吸食執照人口與鴉片銷售數量金額統計表

年　度	吸食特許者（本島人）	吸食特許者（中國人）	鴉片煙膏販售量（兩）	出售價格（日圓）
1902	143,492	-	34,859,500	3,008,386
1919	52,063	2,302	19,278,900	6,947,322
1925	33,755	604	11,188,300	4,412,640
1926	31,434	548	10,632,600	4,193,487
1927	29,043	493	9,933,400	3,919,930
1928	26,943	436	9,180,400	3,624,220

二、法制與政治的問題

　　台灣成爲日本的殖民地之後，由於政治和社會的條件與日本本國不同，因此剛開始的時候，採取了許多特殊的法令措施。直到最近，隨著日本人的增加與勢力穩固，加上台灣社會資本主義化之進展，許多日本國內的法制也逐漸延長施行於台灣了。

從特別立法到內地延長

　　殖民地台灣是特殊社會，因此殖民地的立法以不經過本國議會爲原則。對於台灣統治，1896年日本政府發佈法律六十三號（通稱「六三法」），其中最重要的條文爲：「台灣總督府得在其管轄區域內，發布具有法律效力之命令」。總督的命令，具有法律效力，因此稱爲律令；而其他日本國內的法律若全部或一部分要在台灣實施，則須以勅令指定。這種賦予總督專制的「六三法」，雖然原定3年後予以廢止，但實際上卻一再延長，直到1906年才由「三一法」（即法律三十一號）取代，但這還是爲了適應台灣的特殊情況的特別法制，原則上台灣總督還是掌握立法權。直到1921年制定新的法律取代「三一法」，立法的原則才採取與過去不同的原則。新法明定，除了特殊情況之外，原則上日本國內的法律皆施行於台灣。此後，雖然台灣還是屬於特殊法域，但法制的延長，即法律的同化，才顯得更爲明確。

　　日本統治之初，本島人的民事裁判是根據地方習俗或法理，刑事案件則以軍令治罪，而牽涉日本人的事項則遵循日本國內的法制。因爲在殖民地有必要尊重原有的慣習，1901年乃成立臨時台灣舊慣調

查會，1908年也開始調查原住民各種習俗，1909年設置立法部，計劃根據調查結果制定特別法。其後考量到台灣法制與日本有聯結的必要，乃於1918年制定「共通法」，規範日本及各殖民地間之法制適用的準則。1923年，更進一步廢除台灣民事令，施行日本國內的民法、商法、民事訴訟法及其他附屬法律。到了這次修法，取消限制本島人單獨成立公司的規定，日本人與本島人之間通婚或收養的戶籍移轉，才開始得以合法地進行。但是，有關本島人之「親屬與繼承」部分還是依照舊慣，並不適用日本之民法。

1923年的修法，雖然沒有廢除台灣刑事令，但除了若干例外，大致上都已經適用刑法與刑法施行法。不過像匪徒刑罰令、台灣鴉片令以及適用範圍甚廣的犯罪即決例等，還是具有效力。1898年制定的匪徒刑罰令，是當時討伐抵抗者時多所引用的嚴法，1925年治安維持法施行以後，匪徒刑罰令已經很少採用。而刑事方面雖尚不及民法，但實質上已開始積極延長適用日本國內之法令。前述1922年頒布的新教育令，也是法制統一及同化的表徵之一。總之，台灣統治已從特別立法制度轉向所謂的內地延長主義。

保甲制度與治安維持

日本人及日本資本追隨國家權力之後進入台灣，並在國家權力的保護下發展，國家權力的確立，可說是日本人在台灣發展的根本問題。因此，我們必須了解國家權力、治安等是在何種制度下確立的。

台灣總督最初是由陸海軍大將或中將出任，除了一般行政權之外，還擁有發布律令的立法權，以及陸海軍統帥權與軍政權，甚至還可以介入原本應該獨立的司法權。至於治安維持方面，最初以軍隊為

主，到了兒玉‧後藤時代，大力充實警察的力量，而且在1898年制定了「保甲條例」，建立警察的輔助制度。日本統治之後，台灣的舊制度產生變革，只有保甲制度經過修改後，有效地運用在統治上。

保甲制度是以十戶為一甲，十甲為一保。亦即，以百戶來組成的地方組織，其基本成員為家長、甲有甲長，保置保正。保甲事務主要是戶口調查、傳染病預防、鴉片管制、盜賊警戒、自然災害防護等保安事項，甚至還包括道路橋樑清掃修復、獸疫預防、各種官方部門或機構命令傳達、產業資料調查等普通行政事務。此外，保甲還要組織壯丁團，共同承擔許多防災與警衛的任務，其工作沒有報酬，經費還要自籌，兩者幹部皆由家長互選，不過其本身不是住民自治機關，而是必須接受警察指揮的附屬組織。最重要的一點是，如有違法或怠忽職守，家長或保甲幹部可能遭到連坐之處罰。

總而言之，保甲是本島人的連保團體，在「自己出力、自己出錢、自己負責」的情況之下，維持地方的安寧、建造道路並支援其他行政事務。而且，這套制度只適用於本島人，日本人與原住民都不被納入。台灣的警察與保甲制度的確立，最初是為了進行剿匪，兩者結合後才順利建立遍及全島的警察網。在殖民地台灣，警察幾乎可以說無所不能，除治安、衛生、戶籍事務之外，包括獎勵增產、教育、慈善事業都可以插手，如此讓全台灣徹底被納入警察統治之下。

除此之外，台灣還有「保安規則」（1900年）專門對付外國人或日本人，一旦被認定危害治安，則很快就會被驅逐出境；另外還有「浮浪者取締規則」（1906年）專門對付本島人，只要被視為無業者，就有可能被遣送到偏遠地區強制勞動。以上各種台灣特有的治安取締法令，近年來已經較少採用，這顯示警察統治也有所轉變。然而不可忽視的是，過去的警察制度，雖達到維護治安及促進產業快速發

展的效果，但它同時也曾經是嚴苛壓迫本島人之工具。

地方制度之變遷

　　日本統治之初，實行總督專制，1919年以後總督權限雖有削減，但主要是對中央關係的調整，對內還是維持專制體制。在這種專制體制下，未見任何監督機關，僅設立台灣總督府評議會作為諮詢機關。但是評議會諮詢的範圍不明確，也沒有規定要定期召開，因此對總督專制當然也沒有任何影響。全世界殖民地行政評議會之中，總督府評議會可能是成效最差的機關吧！

　　台灣的地方制度在1920年曾進行重大改革，地方行政組織改為與日本國內較為類似，但是地方首長並非民選，而是政府任命。同年，台灣地方團體也設置協議會，協議會員由地方首長任命。改革後的地方制度，當然不能稱為自治，但地方協議會每年召開，諮詢項目以預算為主，其成效比總督府評議會要好很多。從制度的變革來看，地方公共團體的成立，可說是台灣地方制度上劃時代的創舉，雖然專制政治還是存在，但與過去警察萬能的時代相較起來，還是可以感受到明顯的變化。

　　然而，從許多方面還是可以看到台灣統治的專制性。例如，台灣總督府高等文官（行政官）特別任用的範圍，比朝鮮小很多，到1922年為止官吏幾乎都由日本人壟斷。台灣的經濟制度已與日本同化，而教育亦採同化政策，只有在政治方面完全放棄「內地延長主義」。經濟與教育方面的同化對日本國內及日本人有利，而維護這項利益的武器就是政治上不同化，並維持專制政治制度。由此可見，台灣的政治機構充份具有帝國主義的意涵。

　　台灣的財政早已獨立，朝鮮每年尚需國庫補助；在經濟上，不論資本家企業的發達或住民的所得，台灣遠高於朝鮮；教育方面，朝鮮初等教育普及率爲人口千分之19.6，台灣人爲千分之58.6（1925年3月）；國語普及率朝鮮爲人口的千分之21.7，台灣則爲千分之28.6（1920年）。以上各方面的發展程度，台灣都高於朝鮮，唯獨在政治方面落後甚多。例如：朝鮮有地方選舉制度，台灣付諸闕如；朝鮮官吏特別任用範圍廣泛，台灣甚小；台灣有保甲制度，朝鮮則無；朝鮮有數家由朝鮮人發行的朝鮮語日報，台灣則連一家由本島人發行的日報都沒有。從以上官吏任用人數與職級、言論的管制等情況就可以看出，台灣統治比朝鮮還要專制。

　　台灣在財政經濟方面比較富裕、教育也比較進步，爲何政治專制的程度反而比較高？這是因爲專制的警察政治，本身就是促成政治經濟得以達成帝國主義發展之主因，所以統治者更不願接納本島人政治自由的要求。總之，不論是歷史上或現實上，日本帝國主義在台灣的勢力都比在朝鮮的勢力更加鞏固，因此台灣人的政治處境必然要比朝鮮人嚴峻多了。

三、民族運動的問題

　　在殖民地的新領土統治異民族，通常會遭到反抗，只是反抗的情形會因時、因地而有所差異。日本對台灣的統治，初期出現武力的反抗，中期以後，隨著島內外情勢的轉變，出現近代民族運動與階級運

動，這種變化可以說是殖民地政治發展的基本法則。

台灣與日本之結合

　　台灣原為清朝的領土，中國人的殖民地。正如住在台灣的日本人，其故土為日本一樣，本島人的故鄉在中國，語言習慣可以與其相通。因此，日本統治台灣的方針，主要就是將台灣從中國切割出來，改與日本相結合。例如，以關稅法迫使台灣的貿易從中國轉向日本、禁止中國人或本島人自行設立株式會社、透過國語教育讓台灣遠離中國之影響等。

　　日本統治之初，輿論界曾主張台灣統治必須實施三大政策，亦即嚴禁鴉片、剪掉男人辮髮、解除女人纏足。但實際上，如此劇烈的變革並無助於統治的順利進行，總督反而是下令尊重本島人的生活慣習。兒玉·後藤時代更是避免急進，首先創設舊慣調查會，並從事土地及戶口調查。這是後藤民政長官所稱，要以生物學原則來決定施政之基本方針。例如：基於對台灣社會特殊性的認識，因此依照舊慣確認土地業主之權利，避免引起紛擾與動亂。但是，這種台灣特殊性的認識，同時也成為總督專制政治的基礎。這樣的統治方針，直到第一任文官總督田健治郎上任後，才開始有所調整。

　　過去總督府的施政方針，大致可以1918～1919年之交為界線，區分為前後兩期。前期以兒玉·後藤之統治理念為核心，承認台灣社會的特殊性，對本島人實施歧視性的警察專制統治。其主要施政目標在於維持治安、促使島內產業往資本主義化方向發展、確立日本人官僚與資本家勢力等，且毫不關心教育方面發展。後期是以田健治郎總督之訓示為基準，此時不再強調台灣的特殊性，轉而展開內地延長主

義。其施政方針，一方面注重教育、提倡文治政治與民族融合，經濟方面則從專注於開發島內產業，轉而強調台灣與日本國內的結合，以及往華南與南洋的重要性等。總而言之，在日本帝國主義下，前期是確立台灣警察統治的時代，後期則進入了文治時代，這時總督府統治手段較爲柔軟溫和，同時也積極提倡對外的經濟發展，這是近年來統治政策的特徵。

　　爲何近年來統治方針，強調日本人與本島人共存共榮之外，同時還要重視台灣對外經濟發展呢？其實，這是世界大戰後帝國主義殖民政策的新方向。大戰後各個帝國主義國家，無不致力於打壓民族運動，強化與殖民地之結合，並積極介入世界經濟的運作，台灣正是這種情況的實例之一。換言之，台灣統治改採內地延長主義，其實只不過是帝國主義的新衣裳而已。

近代民族運動的興起

　　台灣漢人大多是來自對岸的移民，在與原住民對抗的過程中，早已顯現出剽悍的特質，加上漢人分類械鬥的習性以及反抗清廷的傳統，因而形成「三年一小反，五年一大亂」的情況。日本統治後，反對日本統治台灣的勢力，最初是以清廷官吏與地方豪族爲主，其後部分民眾因生活困苦或對日本統治不滿而挺身起來反抗，但這些都不脫水滸傳式盜匪的性質。日本對於這種反抗勢力，主要採取武力鎮壓，同時也實施保甲制度與土匪招降政策。結果1898～1902年間，屠殺的人數約達19,950人，根據匪徒刑罰令處決的達2,998人。隨後在1915年發生西來庵事件之前，還有幾件密謀反抗的事件發生。以上的反抗活動，大都屬於個別的、衝動的或地方性的性質，而非近代

有組織的民族運動。

　　所謂近代民族運動，必先經過資本主義的發展與滲透，而且教育方面有某種程度的普及，並產生政治自由思想之後，才有可能出現。台灣的近代民族運動，始於1914年台灣同化會的成立。這是由台中資產家林獻堂遊說板垣退助伯爵來台成立的組織，該會主張將台灣人教化為日本人，同時也要求台灣人必須獲得與日本人相同的權利。這個團體被禁止後，還出現前述的私立台中中學校設立運動，接著在1918年一群東京台灣留學生組成了「六三法撤廢期成同盟會」，要求撤廢產生總督專制根源的六三法。

　　在專制國家中反抗性的政治運動，通常都是在國外成立組織，台灣的民族運動也是一樣，東京留學生就是這群先驅者。他們發起六三法撤廢運動之後，在1920年創辦《台灣青年》月刊，一度改稱《台灣》，1923更名為《台灣民報》，直到1925年正式以週刊發行。《台灣民報》原本採取先在東京印刷出版，然後再寄回台灣的方式發行。由於刊物必須受到內務省與總督府的雙重檢查，送到島內讀者至少需要3星期，原有的新聞價值早已喪失大半。經過大力的遊說，直到1927年《台灣民報》才獲准在島內發行，這是目前唯一由本島人主導的言論報導機關。

　　以台灣民報社為中心的本島人勢力，1921年起開始推動台灣議會設置請願運動，並於2月間第一次向帝國議會提出請願書，這次由林獻堂等178人連署。雖然，1923年間總督府曾依據「治安警察法」打壓此一運動，但請願運動仍持續進行。議會設置請願運動是基於台灣具有特殊性之認知，要求成立有別於帝國議會之台灣議會，議員由全體台灣居民選出，希望藉此取得行使對台灣總督之律令及特別會計預算的同意權。至於日本與台灣共有之立法以及屬於一般會計之預

算，仍屬帝國議會之權限，而且台灣議會通過的法規也必須得到中央許可，因此與帝國政府依然保持連結。台灣議會的目標是要求獲得日本統治權下一定限度的內政自治權，這樣訴求具有以下的政治意涵。第一，這是向總督專制政治要求參政權；第二，這是反對政府的同化主義及內地延長主義，主張台灣的特殊性。可惜不論總督府或帝國議會，至今對這項運動似乎都還是非常冷淡。

議會請願運動展開之後，1921年10月又有台灣文化協會的成立，該協會同樣以林獻堂為首，並以蔡培火、蔣渭水為中心，其目標在於推動文化啟蒙運動，進而謀取本島人的社會解放與文化提升。文化協會自從成立後，即成為全體本島人唯一的民族運動團體。然而，後來具有馬克思主義思想的青年潛入該團體，在連溫卿的領導之下，透過1927年1月的修改會章，成功地將文化協會的組織與方向轉變為無產階級運動。於是舊幹部全面退出協會，在同年5月另外成立台灣民黨，但總督府認定其綱領內主張「全體台灣人之政治的經濟的社會的解放」，顯然有挑撥民族情感之嫌，故下令禁止。結果，同一群人不得不修改綱領，同年7月另組台灣民眾黨才獲得許可，這是當時台灣唯一的政治結社。此後，本島人的解放運動主要可分為強調無產階級運動的文化協會，以及注重民族運動的民眾黨等兩個團體。

無產階級運動的發展

台灣的農民運動是以1925年台中州二林蔗農組合為開端，最初的目的是要製糖會社提高甘蔗收購價格。同年，因土地管理與收購之爭議，高雄州鳳山成立農民組合，接著台中州大甲郡也成立農民組合，兩者的成立背景與目標相同，因而在1926年6月合併成立台灣農

民組合。隨後，農民組合在各地廣設支部，1927年11月底爲止，組合員達24,100名。農民組合與前述改組後文化協會的理念較爲相近，經常共同舉辦演講會，同時幹部受日本勞工農民黨的指導，已轉向到馬克思主義路線。【圖4-3】

　　勞工運動大約是從1924年開始，各地因勞資爭議出現了許多工友會，1928年2月這些木工、鐵工、機械工等共29個團體，聯合組成台灣工友總聯盟。這個聯合組織是由台灣民眾黨的鬥士蔣渭水所領導，據說其會章是採用南京總工會之會章。如前所述，1921年起本島人之政治與社會運動逐步發展，1927年以後出現重大的轉變，因

▲ 圖4-3　1927年二林事件第二審公判後合照，後排中央戴眼鏡者爲簡吉，簡吉右二爲辯護律師布施辰治，前排左三爲李應章。（遠流出版事業　提供）

而出現了以上四個主要的團體。大體而言，農民組合與文化協會關係較深，工友總聯盟與民眾黨合作較為密切。然而值得注意的是，同屬階級運動的農民組合與工友總聯盟並沒有直接的聯繫。而文化協會與民眾黨，因分別推展階級鬥爭與民族運動，明顯處於對立的狀態。

然而，實際上台灣的階級運動卻具有濃厚的民族運動性格。主要的原因在於：第一，農民組合與工友會的抗爭對象是大資本家，不論經營權或所有權上，都是屬於日本人的勢力。第二，農民組合爭取土地權益的經濟鬥爭，同時也是針對總督府的政治鬥爭。第三，不論是農民組合或工友會，都不能算是純粹的無產階級團體，不少中產階級或地主亦參與其間。總而言之，台灣農民運動最大的對手是以日本資本家為主所經營的製糖會社，而本島人中產階級的工商活動，則受到日本大資本家及總督府的干涉。所以，本島人資產家同情並援助農民組合或工友會並不足為奇。

台灣與朝鮮不同，台灣的地主等資產家的勢力甚強，並非所有本島人都是無產者。因此，台灣的民族運動無法完全轉變為階級運動，而且在與總督府及日本大資本家對抗時，還可以跟階級運動結合起來。從民族運動的立場而言，只有與總督府及日本大資本家相處融洽之從屬者，才會被當成非我族類。基於這種特殊的情況，台灣的社會運動很明顯地同時兼具階級運動與民族運動之性格，而兩者雖有互相競爭的情況，但並非處於互相對立的關係。換言之，文化協會的分裂及農民組合走向馬克思主義路線，並非台灣社會條件的產物，而是受到外來思想刺激的結果。本島人至今尚未擁有一份日報，也沒有絲毫的參政權，因此台灣必須以中產階級為中心，結合有產與無產階級，以全民運動的方式，帶領民眾爭取政治自由，並促使台灣社會步入正軌，以便盡速走向近代社會。

　　日本統治台灣三十幾年，最初國內外各界都曾懷疑日本是否具備經營殖民地的能力，如今經營能力已經獲得證明，其政績被誇讚爲殖民地經營成功的罕見範例。台灣資本主義化的過程中，雖然讓日本人大資本家居於壟斷的地位，教育方面明顯是有利於日本人，但本島人的生產力、財富與文化程度，比起日本統治之前也有顯著的提升。只有政治方面，住民參政權完全付諸闕如，總督之專制可謂世界殖民地罕見之事例。

　　如今，本島人之政治自覺已被喚醒，總督府若執意要等到380萬本島人內地化後再賦予參政權，則同化政策絕對無法貫徹。爲因應台灣社會的轉變，統治政策應該要有所調整，而所謂台灣統治的成就，也是促使統治政策不得不改變的契機。這種趨勢也充分地顯示，帝國主義之發展必然是帝國主義的矛盾發展。

第五章　台灣糖業帝國主義

　　本章改寫自原書「第二篇　台灣糖業帝國主義」。該篇原本就是獨立的論文，筆者將與第一篇重複的部分刪除，改寫為本章。本篇原著分為四章，「第一章　糖業與殖民地」與「第二章　台灣糖業之獎勵」，改寫為第一節；「第三章　台灣糖業資本的資本主義式發展」，改寫為第二節。第三章最後兩節有關蔗農和農民組合，以及「第四章　台灣糖業之將來」部分，則改寫為第三節。透過這樣的介紹，將可全面認識台灣糖業發展之梗概與農民問題。

　　矢內原認為，糖業是殖民地企業，歐美各國曾經為糖業而展開帝國主義式的競爭，台灣糖業也是在這個背景下，受到獎勵而發展起來。糖業不僅是台灣最大的產業，也是日本僅次於電力、紡織的大企業，因此不論在台灣問題的研究上，或日本資本主義的研究上，都佔有相當重要的地位。總言之，以台灣糖業為中心，即可探討日本資本的帝國主義式發展歷程。

一、台灣糖業之獎勵與補助

　　一般認為，恆河流域是砂糖原料甘蔗之原產地，然後再向東西移植。美洲的甘蔗是歐洲人抵達後才移植過去，最初是以巴西取代地中海諸島，成為糖業的主要產地。隨後，西印度群島的殖民地藉著榨取黑奴的勞力，讓蔗糖的生產與輸出大幅增加，成為所謂的「砂糖群島」、「砂糖殖民地」。此時砂糖成為17世紀初歐洲的日常食用品，因此各國殖民地的競爭考量中，也開始注意到糖業的重要性。

殖民地與糖業

　　18世紀末世界的產糖量，以法屬殖民地居首，英國居次。然而，因為拿破崙戰爭的影響，導致歐洲大陸被封鎖，各國的砂糖進口受到阻礙，糖價大漲。1799年甜菜糖研發成功，德、法、奧等歐陸各國遂在政府的支援下，大量以甜菜製糖，蔗糖自此開始受到影響。1852～1853年世界糖業產額（英領印度除外），蔗糖為86%，甜菜糖為14%；1899～1900年，蔗糖為34.7%，甜菜糖為65.3%；19世紀的後半，甜菜糖完全取代甘蔗糖的地位。

　　甜菜的誕生使得沒有甘蔗殖民地的國家，一躍成為糖業生產與輸出國，其中又以德、奧、俄三國為主。這些國家藉由降低糖稅、施行輸出獎勵金、提高進口稅等方式，增加外銷數量。而甜菜糖業之資本家也組織卡特爾（cartel），致力於提高利潤，壟斷國內市場，並且對外傾銷。甜菜糖的大量生產，使得英國蔗糖價格大跌，導致西印度群島殖民地蔗糖業者深受打擊。1901年，張伯倫（Joseph Chamberlain）提議在布魯塞爾召開國際會議，協議解決糖業競爭的

問題，會中達成以下的決議：各國廢止對各種糖的任何補助、決定進口稅的最高限度，以及對於獲得補助金的砂糖可徵收與補助金相當的附加稅，或是直接禁止輸入，而未獲補助的殖民地砂糖，則可以最低關稅輸入。

　　布魯塞爾會議的意義在於：對甜菜糖生產國德奧法而言，解除沈重的補助金負擔；加入協議的各國，打破卡特爾的壟斷，刺激國內消費市場，增加消費稅的收入；此外，部分國家之蔗糖業也因此獲得喘息，得以逐漸增加資本及改良技術，使產量趨於穩定。英國主導的這項協定，與美國在中國主張門戶開放政策一樣，表面上是主張自由貿易，背後實有自己的考量。對英國而言，廢除獎勵金制度，減少輸入德奧等國的甜菜糖，如此才得以挽救自身殖民地的糖業。但是，這樣也間接打擊了以砂糖為原料之製造業者，不久之後英國在資本家的壓力下，以特惠關稅的方式來保護西印度群島殖民地的糖業，如此一來，布魯塞爾協議等於失去效力。美國也在國內生產甜菜糖，並對外課徵進口稅以獎勵國內糖業。美西戰爭後，美國取得古巴等產糖地後，也給予這些殖民地特惠關稅，保護其往美國國內輸入。

　　世界產糖趨勢可以分為四個時期：布魯塞爾會議後、世界大戰之前與之後，以及最近，產糖數量變遷如下表所示。從表5-1可看出，甜菜糖產量趨於下降，甘蔗糖則為增加。其中日本產糖量的增加速度，無人能出其右。古巴是西方最大的甘蔗殖民地，大部分輸入美國；爪哇則為東方最大的砂糖輸出國，日本為其最大的主顧。在以上世界糖業的發展過程中，台灣的地位如何呢？進入二十世紀後，為何台灣產糖量能迅速增加？為何日本資本會成為爪哇糖最大的消費國？這些都是我們必須理解的問題。

表5-1　世界產糖表　　　（單位長噸=2240磅=1.016公噸）Willet Gray社調查

甘蔗糖	1902～1903年	1913～1914年	1919～1920年	1925～1926年
南北美	2,805,638	5,003,154	6,535,852	8,638,394
古巴	99,878	2,597,732	3,730,077	4,884,658
亞洲	2,884,996	3,953,728	4,877,738	6,125,360
英領印度	1,906,784	2,291,500	3,049,157	2,923,000
爪哇	842,821	1,272,417	1,335,763	2,278,900
台灣及日本	45,391	457,050	283,482	498,460
大洋洲	133,126	357,379	235,283	612,344
非洲	277,473	480,956	580,841	679,042
歐洲（西班牙）	21,677	7,576	6,048	69,000
甘蔗糖合計	6,122,910	9,803,793	1,235,762	16,064,140
甜菜糖合計	5,675,585	8,634,942	3,259,380	8,316,174
總計	11,798,495	18,438,735	15,495,143	23,604,653

台灣糖業的黃金時代

　　台灣甘蔗由中國傳入，1624年荷蘭佔領台灣，獎勵糖業生產。1650年前後，砂糖輸出額達7～8萬擔，主要輸出至日本。鄭成功來台後，糖業受到獎勵，益見成長。清朝統治下，蔗糖產量雖有增加，但一直要到清末，台灣砂糖才再度進入世界市場。1858年台灣開港通商後，美商、英商、澳商先後來台從事砂糖貿易。1880年輸出106萬擔，1884年因受到中法戰爭封鎖台灣，及世界甜菜糖傾銷之影響，台灣糖業衰退，在1895年日本佔領台灣時，年產額約為70～80萬擔。

　　日本原為砂糖之消費國，1880年代曾由官方成立北海道製糖會社、札幌製糖會社，但皆因經營不善而結束營業。1894年日本砂糖的消費量為400萬擔，但是產量只有80萬擔，無法滿足國內需求，有

賴於國外砂糖之進口。因此，取得台灣之初，日本政府就注意到台灣的砂糖業。日本統治台灣之後，隨即在1896年著手改良甘蔗品種，1898年總督府的殖民地政策以振興台灣產業爲重心，其中又以糖業最爲其核心。

　　1900年成立台灣製糖會社，設立全台最早的新式製糖廠。爲了振興糖業，總督府延請農學專家新渡戶稻造擔任殖產局長，進行糖業之改良調查。1901年9月，新渡戶局長提出「糖業改良意見書」。他認爲，台灣糖業受到統治初期的動亂影響，再加上賦稅繁重，糖業的利益掌握在糖商手上，並且受到甜菜糖的壓迫，導致台灣糖業產量減少，只要清除這些障礙，蔗糖仍有對抗甜菜糖之空間。新渡戶提出的具體策略大致如下：

　　⑴改良甘蔗品種，引進夏威夷拉海那種及玫瑰竹種。

　　⑵改良栽種的方法。

　　⑶改良水利灌溉設施。

　　⑷將不適合米作的旱園改爲蔗園。

　　⑸鼓勵開發適合栽種甘蔗的土地。

　　⑹補助並獎勵大規模新式製糖廠，以及設立製糖組合。

　　⑺改良甘蔗壓榨的方式。

　　總體而言，新渡戶稻造認爲政府必須積極補助製糖業之發展，讓耕作者與製造者都可獲利，台灣糖業才有發展之可能。1902年6月，總督府根據這分意見書，公布「糖業獎勵規則」，並成立臨時台灣糖務局爲其執行機關。同時也施行蔗苗改良，並且針對栽種需要的器材與原料給予獎勵或補助金，對於開墾或有需要官有地者則無償出借。1905年進一步發佈「製糖廠取締規則」，確立蔗糖原料之收購

方式，以及製糖廠之設立規則。新式製糖業在總督府大力的協助之下，逐漸興起，日本資本亦大舉來台設廠，糖業產量因而激增。自1901～1910年，台灣製糖量由5,000萬斤激增為4億5,000萬斤，糖業發展成果卓越。台灣所生產的消費糖與原料糖都輸往日本，使得原為砂糖消費國的日本，除了在原料糖之外，已無須進口外國砂糖。1910年起，甚至出現砂糖可能生產過剩，價格有下跌之隱憂。此時，由於各界開始出現批判總督府過度保護糖業的聲音，因此總督府在1911年10月撤除臨時台灣糖務局，但糖業基礎已大致底定，並未影響日後之發展。

　　糖業是需要蔗作的農業部門與製糖的工業部門合作之產業。過去政府的改良只著重於工廠的擴充與製糖量的提高，卻忽視品種和栽種改良的提升。1910～1912年間，發生三次大風災，導致甘蔗收穫量減少。大風災之後，總督府開始引進耐風堅強品種，並且改良耕作方式。自1913年起，產糖量逐漸增加，1916年每甲平均產量高達6萬5,000斤。台灣糖業在1913～1915年間幾乎無對外出口，然而因世界大戰爆發，歐洲甜菜糖的生產受到戰爭影響而產量減少，以致糖價上漲。台灣糖業利用這個時機大量生產，在1916年之後，開始出口到中國、印度、澳洲、芬蘭、西班牙等國，這樣的局勢造就了台灣糖業的黃金時代。

糖業資本家勢力的崛起

　　自1902年發佈「糖業獎勵規則」到1927年間，台灣產糖量大增，其詳細生產情況詳見表5-2「台灣產糖概況表」。

表5-2　台灣產糖概況表

產糖額	新式製糖廠			改良糖			舊式糖		
年　度	個數	能力 (英噸)	產糖額 (擔)	個數	能力 (英噸)	產糖額 (擔)	個數	能力 (英噸)	產糖額 (擔)
1901～02年	1	300	18,502	—	—	—	1,117	11,170	890,202
1905～06年	8	1,539	127,652	52	3,276	183,699	1,100	11,000	962,533
1910～11年	21	16,526	3237,461	74	6,130	679,232	499	4,990	588,954
1915～16年	35	26,090	4,876,193	32	2,460	277,251	217	2,170	197,627
1920～21年	42	31,870	4,019,482	22	1,900	86,955	171	1,710	105,799
1926～27年	45	35,209	6,710,184	9	600	55,719	115	1,150	86,437

注：每年度之年期為自上年11月至當年10月。

　　台灣糖業之所以有如此驚人之發展，大抵有下列原因：第一，日本國內資本的累積，導致資本家大企業興起，可以來台從事投資。第二，世界糖業的趨勢。日本並未參加布魯塞爾協定，不受「廢除糖業補助」協約之限制，可以大力輔助台灣糖業。第一次世界大戰導致甜菜糖減產，也成為台灣糖業發展之助力。第三，總督府積極地給予補助與保護。

　　總督府的補助與保護政策，其範圍可包括治安維持、土地調查、幣制改革等，透過這些施政措施奠定產業發展基礎，台灣糖業才得以茁壯。1900～1925年間，總督府的糖業獎勵金額達2,470萬日圓，同時還無償配給蔗苗2億4,600萬株。糖業補助政策，可分為針對工業（製糖工廠）以及農業（甘蔗耕作）兩部分。在製糖工業部分，總督府給予製糖會社在設備與資金方面的補助，同時鼓勵糖廠的改良，並且針對製糖原料、原料糖輸往日本採取補助金制度等。在這樣的政策下，新式製糖業不斷擴充規模、集中資金、擴張銷售管道。在蔗作農業方面，則是在工業部門發展至穩定階段後，才開始積極展開，其重點在於補助種苗與肥料等方面。1911年，總督府廢止臨時台灣糖務

局，同時也廢除協定稅率之關稅，這一年可以說是台灣糖業政策之轉折點。此後政府逐漸廢除各項直接補助制度，僅針對灌溉排水、蔗苗無償配給等進行補助，對外則是以提高進口關稅來保護台灣糖業。

1897～1898年台灣產糖總額爲65萬擔，向日本輸出38萬擔，占日本消費額12%；1924～1925年產糖總額爲800萬擔，向日本輸出740萬擔，占日本消費額67%；1928～1929台灣產糖額已經超過日本帝國的需求。台灣糖業在政府的扶植下，已經相當壯大，在關稅保護下還可以持續地累積其資本。台灣糖業原本是政府資本投入的產業，現已轉變爲可以左右政府的力量。換言之，獲得國家權力補助與獎勵之企業，已經成長爲一種擁有資本能量的權力了。

二、新式糖廠的利潤來源

台灣糖業在總督府的獎勵政策之下大幅成長，但是最終的經營者仍是各製糖會社的資本家。日本資本家以甲午戰爭、日俄戰爭與第一次世界大戰爲跳板，不斷擴大其經濟版圖，累積巨大的資本，在這樣的基礎上，台灣糖業才有充分的資本持續投入。

新式糖廠的擴充與壟斷

日本統治下台灣糖業發展史，就是擁有新式機械設備之資本企業征服傳統糖廍的歷史。台灣原有的糖廠，是以舊式農耕與原始人力的

舊式糖廍來生產赤糖（黑糖），再由糖間生產再製糖，也就是白糖。
在糖業獎勵政策執行初期，由於機械製糖廠的原料採取區域確定以
後，區域內部就不准新設舊式糖廍，舊式糖廍逐漸減少，取而代之的
是小型機械設備的改良糖廍。1906～1911年間，改良糖廍的生產力大
於新式糖廠，從此新式製糖工廠逐漸吸收合併改良糖廍。到了1928
年，新式糖廠的產糖量達95.3%，改良糖廍1.6%，舊式糖廍3.1%，原
本製造白糖的糖間也趨於衰退，新式製糖廠獲得壓倒性的勝利。

　　製糖工業的集中，出現在上述新式糖廠取代舊式糖廍的過程中。
然而，新式工廠也逐漸被有力會社合併，形成壟斷的大資本企業，這
些資本當然是以日本資本為主。台灣新式製糖廠為了降低生產費、
取得更多的原料，以及壟斷市場，所以必須不斷地擴張和吸收其他
糖廠。例如：1902年的台灣製糖株式會社資本只有100萬日圓，到了
1928年其資本達到2億8,286萬日圓，其中台灣製糖的工廠就有12間，
資本額為6,300萬日圓，由此可見製糖會社規模不斷地擴張。有關企
業經營者的變化，舊式糖廍與改良糖廍的淘汰，代表了台灣本土資本
的衰微，相對的新式糖廠的成長則是日本資本擴張的成果。就以台
灣人的兩家新式糖廠林本源製糖及新興製糖為例，經營實權二者皆
掌握在台灣銀行手中，其中
林本源製糖會社，還在1927
年被鹽水港製糖合併【圖
5-1】。整體來看，本島人
對日本製糖會社的投資金
額，其比例相當微不足道，
居少數的本島人股東毫無影
響力。即使是前述林本源和
新興兩家會社，也只不過是

▲ 圖5-1　新式糖廠，大日本製糖會社台灣支社
　　　　 虎尾製糖所（中研院台史所　提供）

被用來動員本島人游資，以提供日本國內資本家運用的工具而已。總言之，台灣的製糖業完全被日本資本所壟斷與掌控。

複合企業的經營型態

　　資本主義發展到最後階段，必定是以全面性壟斷來獲取最多利益為原則。若能將生產、販售與金融等三個部門相互結合，糖業就可達到壟斷之最高階段，獲得最大的利益。在生產方面，由於製糖的過程涉及原料、副產品、運輸、販賣等步驟，因此串聯並擴大這些不同階段的流程，就成為各製糖會社獲利的主要手段。資本家企業必須在可能範圍內兼營其他事業，例如：為了確保穩定的原料，製糖會社開始在自己的土地上栽種甘蔗，為此就必須擴大耕地的控制。因此，糖廠也兼營土地開墾、製造自用或可出售之肥料。此外，也會進一步地建立鐵路、海路交通網，以利砂糖的生產與運輸，以及將廢糖蜜副產品製造成酒精，甚至也跨足糖製品的銷售販賣、製造糖果等事業。因此，從蔗園的台灣農民到工廠內的工人，甚至是商店內的女店員，都是日本糖業內部的一環。這些現象顯示，台灣糖業生產過程涵蓋了縱向壟斷與橫向擴張，同時也呈現糖業資本如何致力追求降低成本、分散風險、控制市場與增加利潤等之努力。

　　另一個值得關切的重點是砂糖的販賣。日本統治前，糖業的販賣係由台灣人經營，如陳中和經營的和興與順和棧等。1895年前後，由於當時台灣海運被外商所掌握，所以英美洋行取得壟斷的地位。日本統治之後，三井物產株式會社、鈴木商店等日本商人，開始來台經營糖業或樟腦。1910～1911年，外國和台灣商人的地位，其地位逐漸被日本商人取代，而後更進一步完全掌握優勢，開始投資製糖產。

例如：台灣製糖會社的股東爲壟斷日本及海外貿易權的三井物產。如此一來，商品的販賣者也是生產者，生產所得之利潤累積成資本，而資本又再用來從事商業活動。這種資本的利用方式，緊密地將生產製造與販賣活動結合，使產業資本與商業資本結合爲一體，獲利當然也可提高，這就是一種壟斷資本活動之型態。

糖業要不斷地擴充，其背後必須獲得龐大資金的奧援，於是金融資本也對糖業產生支配的效應。日本統治前，洋行與大糖商不但是最後糖製品的收買者，同時也是放款給糖廠的金融機構，因此糖業的利益，完全被這些商人所壟斷。但是，新式工廠的興起，近代金融體制引進之後，糖業的金融操作皆改由銀行來掌控。例如：台灣銀行提供製糖會社所需要的肥料墊款、砂糖稅款；1927年倒閉的鈴木商店債務4億5,000萬日圓之中，共有3億5,000萬日圓是台灣銀行借出。此外，台灣銀行也曾經營台東製糖會社等。由此可見，銀行對於糖業資本影響與控制已經相當深厚。就生產、販賣、金融三個面向所形成的結構來看，台灣糖業由糖商的商業資本活動開始，接著才有製糖會社的興起，最後在金融體系的控制下，才達到生產與銷售完全集中在同一企業的現象。亦即，台灣糖業已經達到由金融資本壟斷的最高階段。

在台灣累積形成的糖業資本也會向外拓展事業，以擴大壟斷性控制的地理範圍。首先可以看到的現象是，日本國內糖業與台灣糖業的整合。例如，1895年設立的日本精製糖株式會社，1906年改稱大日本製糖株式會社後，一面收購日本國內精糖會社，一面在台灣建設粗糖工廠。其他台灣的製糖會社也是採取同樣的模式，結果讓日本國內與台灣糖業完全合而爲一。甚至有些製糖會社已經開始在沖繩、北海道、朝鮮、滿洲、上海、南洋等地，設立糖廠或收購當地的製糖會

社。總體而言，日本糖業以台灣為發展中心，然後向日本國內、朝鮮、北海道等地擴張，並在中國大陸從事精糖製造，同時也在爪哇製造原料糖。這樣的跨區域的發展，已經讓日本躍身成為一個巨大的糖業帝國。

糖業帝國主義之形成

　　由於預估1911年台灣的產糖量可能過剩，為了防止同業間因競爭激烈導致價格下跌，1910年10月糖業界成立了「台灣糖業會」的卡特爾組織，後改名為糖業聯合會。該會成立之目的在於，藉著限制蔗糖生產額、採行各種分配比例、限定販賣價格等協定，以壟斷市場維持利潤。例如，1926年4月聯合會通過限制生產的協定後，當時每百斤22日圓的糖價，迅速上漲至24.5～24.6日圓。1928年因預期生產可能過剩，所以聯合會協議減產5%，並將糖囤積2%，同時防止砂糖由朝鮮輸入，甚至還議定每百斤價格不能低於25日圓。由此可見，糖業聯合會極力維持糖價的穩定，以保有市場上最有利的地位。

　　雖然透過卡特爾之組織，同業對外追求利益行動相當一致，但是其內部的有利金融資本家為了取得領導地位，也會發生相互競爭的情況。1927年日本發生經濟恐慌，造成鈴木商店倒閉，因此其旗下的製糖會社，以及日本國內與海外的販賣經營權皆必須出售或轉讓。結果，其資產就被三井銀行、三菱系統（三菱商事及明治商店）、大日本製糖會社等分別取得。這三個系統都極力擴張自己的勢力，希望成為壟斷卡特爾內部最大的資本。由於相互競爭，也會發生會社打破聯合會協定的情形。但是後來，因為世界砂糖生產過剩，為求利益的維持，所以同業另外又成立「砂糖共同販賣組合」，藉以對抗世界砂糖

跌價之趨勢，以及日本國內糖價的低落。

　　台灣的新式製糖廠逐漸往混合企業型態發展，進而出現卡特爾組織，加上生產販賣金融等三者的結合、跨區域發展的資本累積、三大資本系統的壟斷控制成立等，讓製糖業充分地展現出資本主義的壟斷階段、金融資本主義、經濟的帝國主義等三種特徵。1927年經濟恐慌之際，製糖會社出現兼併、委託經營等現象，這些都是以金融控制的壓力來進行。主要製糖會社也是用這個方式，積極擴充原料供給地，增加工廠生產能力，並加強自己在市場上的壟斷地位。這種的情形與近代國家的擴張行為，基本上是相同的。部分國家為了增加原料供給地、資本輸出地、商品推銷地，以及人口移居地等，採取擴大領土或以不平等條約獲取通商特權，這些行動大多是以控制財政的方式來進行。這樣的國家帝國主義，就是資本家壟斷主義的國家表現，展現在糖業上就形成「糖業帝國主義」。在糖業帝國主義的操控下，消費者無法享用符合供需原則的糖價，大企業壟斷市場後，其利益隨之擴大，但累積的資本卻用於擴大海外產業規模。

　　製糖會社主體事業在台灣，其利潤也是來自台灣。根據東洋經濟新報社的調查，1927年台灣製糖會社在台灣獲利共達823萬600日圓，而其日本國內之工廠獲利只有17萬日圓。其他主要會社的獲利比例也大致如此。如今，在世界產糖過剩的情況下，各製糖會社都致力在台擴張勢力，以求確保安全的獲利來源。

　　既然，台灣是糖業利潤的泉源地，那麼我們就更應該追隨著資本家，回到剩餘價值的產出地台灣。因為，這裡才是我們最需要關懷的地方。

三、台灣糖業的隱憂與前瞻

　　探討台灣糖業的發展，必然要注意到蔗農的問題。全台蔗作戶數達12萬餘戶，約達全農家戶數的三分之一，然而長期以來蔗農的處境，似乎並未受到太多的關注。此外，要探討台灣糖業之將來，就不能忽視甘蔗與稻米互為競爭作物的問題。因此，我們必須了解蔗農運動之起源，同時也要探討未來糖業與米作關係之前瞻。

蔗農與農民組織運動

　　台灣的各家製糖會社與蔗農的關係，在糖業的經營中是相當重要的問題。日本統治以前，台灣糖業以舊式糖廍為主，可分為牛掛廍、牛犇廍、公家廍、頭家廍等四種。其中牛掛廍與牛犇廍，由蔗作農民獨自設立，製糖利益完全屬於蔗作農民。公家廍則是由糖商與蔗作農民合資的組織，蔗作農民不但可以賣甘蔗給公家廍，也可向其申請貸款，並委託其製糖，然後根據分糖法，獲得一部份的糖，同時也能以會員的身份參與糖廍利潤的分配。頭家廍則是由大地主或糖商獨資設立，主要為收購甘蔗，但接受委託製糖時，成品則是由蔗作農民與廍主共同分享。【圖5-2】

　　整體看來，蔗作農民在這四種組織中，或多或少都可以獲得製糖的利潤。但是，台灣以往的糖業主要仍是以公家廍與頭家廍為主，在這兩種組織中，糖廍主可以依據分糖法獲得製糖額的6～7成，更可以地主或是放債資本家的身份，向佃農徵收甘蔗或利息，所以製糖利益其實都被糖廍主壟斷。新渡戶稻造認為，這樣的情形是阻礙台灣糖業發展的因素之一，他建議台灣應該要設立一個屬於耕作者的共有糖

▲▶ 圖5-2　舊式糖廍（中研院台史所　提供）

廍，讓耕作者可以享有部分製糖的利益，藉以挽救耕作農民的貧窮，並且促使農民與製糖會社的利益關係密切，產生好的共生互利關係。

　　然而，台灣糖業的發展並非如此，反而走向資本主義化之道路。新式製糖會社在總督府的獎勵補助之下急速擴張，傳統的牛掛廍、牛犅廍、公家廍、頭家廍之相關組織與制度逐漸消失。蔗農與製糖會社之間，變成只有單純的買賣關係，並不像過去涉及到製糖利益的分享。1905年實施原料採取區域制度後，蔗農想要提高出售價格，會社則是極力希望壓低價格，這樣的對立造成雙方關係緊張。會社若要穩定地獲得甘蔗原料，必須採取各種對蔗農的補助措施，雙方才能建立互信關係。製糖會社收購甘蔗的方式，首先是借貸給蔗農耕作的資金，使得蔗農必須栽種甘蔗，並且受到會社的指揮與監督，最後農民以出售甘蔗的所得來償還貸款的本息。

　　收購甘蔗價格訂定方式，原本規定是由蔗農與會社協定，但實際情形卻是會社決定後，再向地方政府報備。公布價格的時間點是

在甘蔗栽種前、製糖前或是製糖完成之後。那麼，價格是如何訂定的呢？原則上，會社收購蔗糖的價格，主要是依據甘蔗對抗作物稻米之價格，決定收穫甘蔗的總價與每千斤甘蔗的單價。這樣決定價格的方式，隨著時間的改變會產生各種問題。

過去由於對抗作物稻米的價格不高，使得甘蔗的收購價低廉，與製糖後出售的利潤不成比例。但是，值得注意的是，近年來輸向日本的蓬萊米逐漸普及耕種，其生產的利潤大於種植甘蔗，再加上甘諸價格也上漲，因此開始影響到蔗農栽種的意願。由於製糖會社必須獲得甘蔗原料，所以針對蔗農採取一些補助方式，例如：直接發予獲利、恢復分糖法、補助米價與蔗價的差距等。其中製糖會社最關注的問題是，單位面積甘蔗產量的提高，以及如何取得土地或贌耕權。因為，如此一來就可以在自己的土地上施行集約式耕作，不必再受制於蔗農。1924～1925年會社自作蔗園每甲收穫量為81,346斤，大幅度超過一般蔗園的66,415斤。但是，會社自耕的蔗園面積僅佔總耕地的五分之一，大部分的甘蔗原料還是得依賴一般蔗農或會社佃農栽種。在會社自耕蔗園內，佃農只是單純的勞動者，不涉及收購價格。但是，對於向會社「佃種」或「轉佃種」的農民而言，他們既是佃農也是甘蔗的出售者，所以他們相當重視甘蔗的收購價格。目前，唯有提高收購價格，才能消除蔗農的貧困問題。

若從會社的收益情況來看，甘蔗價格收購的價格仍有提高的空間。以1924年為例，在日本國內分蜜糖[1]每擔市價18.22日圓，扣除內含5日圓的消費稅後，生產費為10.52日圓，其利潤達6.4日圓，若增加1～2日圓的收購價格，會社仍能維持經營。這樣的情形，從表5-3「新式製糖會社成本收益

1.分蜜糖就是從甘蔗提煉出來的粗糖，以此為原料再經過蒸汽清洗、再結晶，離心並數次分蜜之後才能成為精製的白砂糖。

統計表」可以清楚地看出來，可是會社卻並沒有提高收購價的意願。這時農民為何還願意繼續栽種利潤微薄的甘蔗呢？其原因有二：第一，自然條件限制，該土地只適合耕種甘蔗；第二，向會社借款耕種，經濟上受到束縛。向會社借款的農民，有義務負責栽種一定數量的甘蔗，並以甘蔗的收購所獲來抵付本息。

表5-3　新式製糖會社成本收益統計表　　　　　　　（每擔／日圓）

年　期	新式製糖會社平均生產費	原料費	國內分蜜糖市價（東京／年平均）
1915-1916年	6.284	3.182	18.23
1916-1917年	6.33	3.257	19.06
1917-1918年	9.552	3.861	19.98
1918-1919年	11.961	5.146	29.29
1919-1920年	20.771	8.289	38.70
1920-1921年	16.975	7.088	22.00
1921-1922年	12.988	5.844	19.11
1922-1923年	11.541	5.521	23.84
1923-1924年	10.519	4.726	21.91
1924-1925年	10.385	5.017	19.60
1925-1926年	10.707	4.994	18.33

　　表面上，他們可以依照公告的價格來決定是否耕種甘蔗，兩者關係似乎是相當平等，但實際上蔗農繳出甘蔗扣除本息之後，往往已無餘款，所以每年必須向會社借款維持生活。由於蔗農成為會社的債務奴隸，當然也無從拒絕栽種甘蔗。佃農遭到的剝削比一般蔗農更為嚴重，因為他們也向會社借款，而且也必須遵守佃作契約，受到會社的指揮從事甘蔗種植。有些會社還限制佃農不能從事農業以外的業務，或是要求有承購其農作物的先買權。以上情況顯示會社主要的目標在

於降低原料生產費，及穩定供應來源，因此蔗農就成為其經濟上的奴
隸，無法轉作其他作物以提高利潤，雙方的聯結關係就成為台灣糖業
大量獲利的主要因素。

　　新式製糖業的誕生與擴張，打破過去由舊式糖廍所壟斷的利益，
但是也讓農民與製糖利益切割，經濟上農民成為隸屬於會社的角色，
並逐漸往單純農業勞動者之方向發展。前述各種會社的壓迫，都是醞
成近代農民運動的條件。1923年以後，蓬萊米的蓬勃發展，首先刺
激蔗農的覺醒，再加上世界大戰後民主理念與殖民地民族自決思想的
影響，這些都對農民運動的發生產生推波助瀾之功效。1924年5月，
台中州二林地區成立蔗農組合，該組合在1925年甘蔗採收前，提出
三項要求。亦即，在割取甘蔗前發佈收購價格、雙方共同監督甘蔗的
秤量、提高收購價格並降低肥料價格。但是，林本源製糖會社並不接
受，並派苦力強行採收甘蔗，因而遭到農民阻止，最後雙方發生肢體
衝突，並導致數十名組合員遭到逮捕或被起訴。之後高雄鳳山等地陸
續成立農民組合，1929年召開全島農民組合大會，各地農民開始團
結起來對抗製糖會社。未來如果不讓蔗農與製糖會社或製糖利益連結
在一起，那麼農民運動必定更加激進。

　　一般社會的農民運動只是階級運動，但台灣是日本的殖民地，製
糖會社的經營者為日本人資本家，蔗農主要皆為本島人，這樣的情勢
往往會讓階級問題演變為民族的對立。一旦階級的對立與民族的對立
相互結合，最後必然會影響到台灣統治。如同新式製糖會社的發達是
殖民政策的核心問題一般，蔗農正是台灣「統治」上經濟方面的核心
問題，因此今日的殖民政策必須正視蔗農的處境。台灣統治的主要對
象就是「台灣人」，若不能顧及佔台灣人絕對多數的蔗農與製糖會社
之生產關係問題，這樣的台灣統治絕對無法讓人信服。

砂糖的消費與輸出

　　台灣糖業在政府與資本家的投入下，砂糖產量大幅度增加，並且主要是輸往日本國內。如果將包括殖民地台灣在內的日本全國砂糖產量，以及對外進出口貿易總量一併加以分析，大致可以獲得以下幾項結論：第一，日本國內砂糖量的激增，是因為台灣糖產量增加之故。第二，日本由砂糖消費國轉為輸出國，且主要為精糖輸出。第三，砂糖的進口量變化不大，但是其內容由消費糖轉為原料糖。第四，日本國內的消費增加緩慢，國外出口額增加迅速，由此顯示日本製糖業由粗糖轉為精糖，市場也由國內拓展到國外。

　　若從日本全國的供需來看，日本全國砂糖的消費額加上輸出額大約1,450萬擔，生產額約866萬擔，所以還必須進口600萬擔左右（5～600萬擔由爪哇進口，70～80萬擔由古巴進口）。為何要加上輸出額，不直接以消費額減去生產額來計算呢？這是因為必須將精糖的產量與出口納入考量。日本在世界大戰時擴張精糖工廠，其產能達1,000萬擔，日本國內消費量為550萬擔，所以必須出口精糖來維持工廠與機械的運轉。其實，糖出口的利潤相當微薄，像台灣分蜜糖每百斤之利潤，直接消費糖為4.6日圓，原料糖為4.3日圓，日本國內的精糖以自產糖為原料時，在日本銷售每百斤損失1日圓，出口則虧損更多。以外國糖為原料時，在日本販賣精糖每百斤獲利1.5日圓，出口至中國大陸只有0.4日圓的利潤。若日本精糖廠以台灣分蜜糖為原料，在日本販賣是有利潤可圖，若要出口必須以爪哇糖為原料，才能獲利。為了維護工廠的生產能力，即使向國外出口的利潤較國內銷售微薄，甚至有所損失，還是必須努力擴大精糖的出口。對於糖業的輸出與保護，日本政府有以下方針：

　　第一，廢止輸出稅。日本統治前曾課輸出稅，所以銷售到日本國

內會比輸出到外國更好。不過為因應生產過剩之情勢，積極拓展國外之輸出，故1910年11月廢止輸出稅。

第二，提高精糖的輸入稅，並且降低精糖所需的原料糖的輸入稅，使得精糖生產費更便宜，藉以保護台灣分蜜糖之生產利潤與日本國內精糖輸出的利益。

第三，針對國外輸入原料加工後再向外國輸出的精糖進行退稅，1921年後則以免稅代替退稅，並逐漸擴大免稅範圍，間接鼓勵糖的輸出。在國內則是降低消費稅，以拓展國內市場。雖然國家稅收減少，但是因消費的成長，國家與製糖會社的損失都可以獲得彌補。

總體而言，日本糖業的發展就是藉由關稅與消費稅的控制，促使製糖會社對外進行傾銷，對內則是擴大消費市場，以此維持工廠機械之運轉。這樣的生產銷售體系，必然也會影響到台灣糖業未來之發展。

糖業與米作之關係

甘蔗與稻米在台灣是屬於競爭作物的關係。甘蔗在地理空間的分佈上，主要是以南部旱作地區為主要產地，而後在總督府的獎勵政策之下，拓展到中部以北的水田地區。由於北部是屬於水稻耕作地區，所以甘蔗在北部，價格比南部來得高。此外，受到日本國內稻米業的成長，導致民眾大量的囤購稻米。1928年10月之後，米價持續上漲，影響到甘蔗與其他產業。1929年1月25日，總督府發出輸出限制令，未經總督府特許不能將米銷售到日本，這樣的作法是為了阻止農民改作稻米，以壓制甘蔗價格的上揚。但是，在市場的供需法則上，

稻米依然是甘蔗的大敵。由於內在的需求，台灣糖業帝國主義才發展起來，如今在對抗米作上，製糖會社面臨經營的困境，雖然有不少人開始探討這項問題，但是要找到解決的辦法似乎不是那麼容易。

　　日本國內人口成長，對於稻米的需求量大增，所以必須由台灣輸入稻米。台灣本土品種的稻米，不適合日本國內市場，於是總督府開始進行品種改良，結果研發出近似日本米的「蓬萊米」，其種植區域由北急速往南發展。由表5-4「在來米與蓬萊米產量與市價統計表」可知，生產蓬萊米比台灣本土種米還要有利，尤其是銷售到日本時，獲得的利潤更高。於是台灣農民開始轉作蓬萊米，並致力於將稻米銷往日本。這樣的結果，導致種植甘蔗的土地減少，甘蔗收購價格上漲。正如前述，目前製糖會社採取的因應措施爲增加每甲甘蔗收穫量，並且拓展自作蔗園的土地。另外，總督府方面則是採取輸出限制令的消極辦法，這樣的措施並非最好的辦法。

表5-4　在來米與蓬萊米產量與市價統計表

名　稱	每甲收穫量			每甲稻穀產值 （日圓）		每石中等米價格 （日圓）	
	第一期 （石）	第二期 （石）	平均 （日圓）	自耕	佃耕	台灣 市場	日本市場
本地種米	12.482	10.804	11.569	304.70	330.36	22.57	26.81
日本種米	14.855	9.909	14.015	447.66	396.89	28.57	35.76

　　面對日本國內糧食的需求，總督府應該相信兩者可以並行發展，不僅要讓蓬萊米的生產與輸出增加，也要致力於調節稻米與甘蔗之產量。1920年代末期大筆資本已經投入糖業，但如果米作的利益與前景大於蔗作，資本將轉向米作。雖然製糖會社將會損失若干工業資本，但是農業資本部分只要轉爲稻米耕作即可，總體損失並不多。而

▲ 圖5-3　嘉南大圳，左圖南北幹線導水路，右圖曾文溪水橋（中研院台史所提供）

農民的地位雖然仍然隸屬於會社之下，但比起原料採取區域制的買主限制，米作則具有較自由的市場，而且還可以當作自家消費，農民的地位將比以往更具自主性。但是，對於資本家來說，糖業中的農業與工業部門，以及粗糖和精糖兩階段，在利潤生產以及壟斷的地位上，也都比單純的農業米作來得有利。假如現在沒有關稅保護，大部分的製糖會社都將會轉向米作，留下來的只有實力最堅強的製糖會社而已。這樣人民就可以享有便宜的米與糖，不過這只是我的假設而已。實際上，會社是採取「自有土地、自營蔗園」的作法，以及促使進口稅提高，藉以捍衛本身的糖業資本。一言以蔽之，台灣糖業的勁敵並非是爪哇糖與古巴糖，而是在日本人口的糧食問題上，也就是米與糖的競爭。

　　最後值得注意的是嘉南大圳[2]的完工。嘉南大圳涵蓋台南州北部與中部，灌溉面積達15萬甲，將在1929年完工。大圳灌溉區域內，將實行三年輪替的集體耕作制度，並以50甲為一耕作單位，150甲為一輪作區，使灌溉水源獲得合理的分配。在統一的土地規劃與給水排水的制度下，一些擁有零

2.嘉南大圳是日治時期最重要水利工程之一，由總督府工程師八田與一（1886～1942）設計，主體建設為烏山頭水庫，1920年9月興工，1930年4月完工，灌溉區域涵蓋整個嘉南平原，是當時東南亞最大的水利系統。戰時因船難而去世的八田葬於烏山頭水庫附近，日本戰敗後其妻在水庫出水口投水自盡，同葬於一處。戰後，地方人士持續對他的追悼活動，以及其銅像獲得保存之傳奇，深受各方人士傳頌。近年來，因台日各界人士的刻意宣揚，其人物與事蹟成為台灣與日本友好之象徵。矢內原對嘉南大圳悲觀的評估，雖與歷史發展不盡吻合，但由此也更突顯其對殖民地民眾人道關懷的精神。

散土地的農民散戶必須重新組合成為一單位，才能從事耕作，這樣的情形促使土地的「所有」與「經營」趨向集中化，這樣將有助於資本家取得與壟斷土地，同時也將促使農民喪失土地，淪落為無產者。在嘉南大圳的區域內，「水」成為控制稻米與甘蔗耕作的因素，甘蔗將不用受制於米作的威脅，甘蔗的收購價格，也不再受到競爭作物的影響。這樣的耕作制度，調節了米作與蔗作之間的競爭關係，但是也可能有助於製糖會社更輕易地壟斷甘蔗原料，以及更方便地取得土地。如此一來，原本以米糖輪作為目的的建設，恐怕會成為保護糖業資本的工程。

第六章　出版後的影響與評價

　　矢內原從1920年回到東京帝國大學任教起，一直到1937年12月離開教職為止，17年間從事研究與教學的工作，主要的研究成果集中於殖民政策之理論與實證研究，其中《帝國主義下之台灣》為其代表著作之一，而且透過這本書他與台灣結下不解之緣。因此，回顧這本書的同時，出版後作者的行跡與台灣的關聯也應該是我們關心的重點之一。

　　矢內原生涯最重要的轉折點，發生於1937年底因反戰而被迫離開教職時。在這段困頓的時期裡，他更加投入主持聖經講習活動，並出版宣教的雜誌，對於基督教信仰的體悟與詮釋，頗有獨到之處。戰後，矢內原回到東京大學復職，並陸續擔任校內各級行政主管之工作，對於戰後日本學術發展與高等教育，都有相當具體的貢獻。由於他生平一貫堅持和平的理念，其人格風範深受日本社會各界景仰。

一、作者的困頓與榮耀

　　如前所述，1929年矢內原的《帝國主義下之台灣》雖然得以出版，但隔年卻被總督府以內容批評殖民政策爲由，禁止在台銷售。殖民統治者下令查禁本書，其政治考量不難想像，但若從學術研究的角度來看，這本書應該算是一本相當具有突破性的著作。這本書純粹是社會科學研究的專門書，並不是替政治社會運動提供行動綱領，如果說還有別的用途，那也是作者矢內原拿來當作課堂教材，整本書就是他的授課內容而已。帝國大學的教室內，他自由地發表批判殖民政策言論，既未引來政府干涉，台灣總督府也無可奈何。在他的授課時間裡，除了部分台灣留學生熱切地前來旁聽，並未引起任何的騷動。然而，隨著不久之後日本軍部勢力的抬頭，社會輿論與校園的氣氛就出現很大的變化。

發表反戰言論所遭受的打擊

　　矢內原強調，基於自己的學術與信仰，堅持和平的信念，對於有權力者欺壓弱者，不論從科學研究的角度來看，或是以基督教徒的立場來看，都是無法容許之事。在這樣的信念之下，當然更不能容許戰爭的暴力。1937年6月，矢內原獲得中央公論雜誌社之邀稿，不久盧溝橋事變爆發，受到時局演變的刺激，他寫了一篇〈國家的理想〉，發表在9月號的《中央公論》。這篇文章的主旨強調：「國家的理想是正義與和平，而非用戰爭的方法來欺壓弱者。不論是國內或國際上，強者欺壓弱者的手段就是暴力，而最嚴重的就是戰爭。偉大的國家必須堅持理想，無法堅持理想的國家，即使看起來非常強大，實際

上是跟亡國沒有兩樣。」這樣的反戰言論，在官方檢閱制度之下，當期雜誌立即被查禁，他本人也開始被警方監視。

接著，發生了更嚴重的問題。10月1日他在日比谷市政講堂發表題爲「神之國度」的演說。其大意是：「日本這個國家已經喪失理想，爲了讓她重生，讓我們先將她埋葬吧！惟有如此，日本才能得救。」現場雖然沒有演說稿，但演說內容的大意卻刊登在他私人發行的《通信》宣教油印刊物上，日本警察扣押這種「非賣品」之刊物，並以此爲證據，

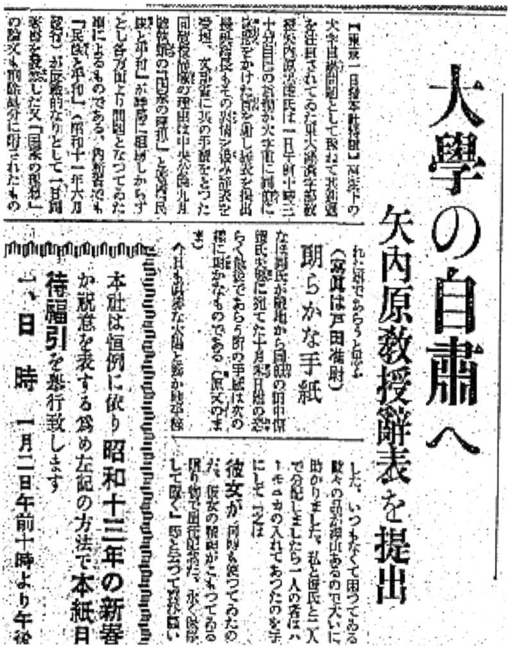
大學の自肅へ
矢內原教授辭表を提出
明らかな手紙
本社は恒例に依り昭和十三年の新春を祝意を表する爲め左記の方法で本紙日待福引を擧行致します
一、日時　一月二日午前十時より午後

▲圖6-1　《台灣日日新報》1937年12月03日矢內原忠雄辭職報導（蕭柏暐　翻攝）

向東京帝大總長施壓，逼迫矢內原辭去教職【圖6-1】。面對當時的局勢，矢內原發表文章批判日本侵略中國之不當，並攻訐軍部之專橫，當然不能見容於當局。但被逼辭教職，應該算是很好的待遇了，一樣是批判軍主義的在野社會主義學者細川嘉六，根本無法逃脫牢獄之災。此外，同樣是無教會主義的信徒淺見仙作，在北海道札幌發行的《純福音》個人雜誌上發表反戰論述，竟然遭到逮捕起訴，幸好後來碰到一位有良知的法官，才在戰爭結束前獲判無罪。矢內原的和平主義思想，應該可以說是繼承內村鑑三的反戰思想，內村在日俄戰爭之後就認清戰爭的本質，所有高唱「正義性」或是「爲和平」都是虛假的。這樣的認知，依然適用於當今的世界。

具體之貢獻與獲得的讚譽

　　一般而言，矢內原因為反戰思想的問題被迫辭去教職事件，是日本軍國主義勢力抬頭之下，在迫害共產主義與社會主義者之後，進一步打壓自由主義思想的一環。如第一章所述，辭去教職之後，他並未灰心喪志，而是轉而埋首研究聖經，到處宣揚公義和平的福音，發行《嘉信》雜誌【圖6-2】。但實際上，這本雜誌還是經常受到警察的干擾，最後到了1944年12月終於被迫停止公開發行。但是，在戰爭最後的階段，他還是繼續私下編輯《嘉信會報》，只是沒有採取郵寄發送而已，直到不久之後戰爭結束，才再度恢復對外公開發行。矢內原回想這段期間時曾表示，大家都很同情自己這8年期間的遭遇，但是因為自己也持續地在抗爭，所以一點也不覺得苦，反而覺得這段經驗相當的珍貴。對於日本的戰敗，他認為這是真理的勝利，由此證明世界上迎合權力或潮流的學說必定是錯誤的，他強調這是此次戰爭給人類社會最大的教訓。

　　雖然，反戰理念的堅持與其基督教信仰有關，但是並非所有基督教徒都是反戰主義者，當時部份愛國基督教會也曾變成軍國主義的擁護者。戰爭期間內，矢內原和少數幾位有良知又勇於批判軍部的知識分子，被稱為「日本的脊樑（back bone）」或「日本人的良心」。唯有透過認識這類型日本知識分子事蹟，才能讓我們更了解到學者堅持學術真理之重要性。特別是矢內原的行跡，不僅一貫批判帝

▲ 圖6-2　矢內原忠雄教義解說著作中譯本（蕭柏暐　翻攝）

國主義的殖民政策，甚至在最困難的情勢下，依然挺身表示反對戰爭、堅持和平主義，這樣特立獨行的風範讓人十分敬佩。

戰後，矢內原很快地就再次獲得東大復聘。恢復教職後不久，他便擔任經濟學部長（學院院長），隨後又轉任新成立的教養學部之學部長，1951年被選爲東京大學的總長（校長），連任兩屆直到1957才卸任。矢內原治理日本最高學府之行政事務期間，正是日本從戰敗中復甦之際，對於日本的發展方向國內意見並不一致，特別是對於當時美蘇對立之冷戰體制下，日本是否要再軍備的問題爭議不休。這樣的對立情勢也蔓延到校園，身爲學校的最高負責人，他勇於任事，積極地面對當時較爲左傾而且相當激烈的學生運動，解決不少一觸即發的衝突，這樣的言行充分表現出其教育家與人格者的風範。再者，如導言中所述，他在處理校園中的學生運動時，阻止警察進入校園取締左派人物或監控活動，主張捍衛大學自治與學術自由，也獲得相當多的讚譽。

此外，矢內原戰後之言行中，還有一項最重要的特色，那就是堅持其一貫的和平主義之信念。他經常發表苦口婆心的演說，主張日本必須成爲眞正的和平國家。葉榮鐘是少數與矢內原有深厚交情的台灣知識分子，他在生平回憶文中認爲：「矢師反對日本再軍備的意見，在現階段的世界情勢下，容有再商榷的餘地，但是他確信自由與和平，終是日本國家將應走的正途。這不是政治主張，而是根據矢師的信仰所凝結的信念，所以是無法妥協的。」這段描述相當的眞切，可以說是台灣人對矢內原最佳的人物思想評斷。

矢內原忠雄與台灣知識分子

　　日本統治時代，台灣知識分子對於矢內原忠雄都相當的尊敬，除了葉榮鐘之外，其交誼最為深厚也是最重要的台灣友人應該是蔡培火。矢內原去世後，1962年4月，蔡培火曾撰寫追悼文「上帝忠孝的兒子矢內原忠雄先生」，文中清楚交代矢內原與他跨越兩個時代之交誼，以及他對台灣民族運動、文化啟蒙運動的支持與鼓勵。對於其人格風範，蔡培火說：「當日本武斷侵略派的軍人政策學者，瘋狂地發動各種行動之時，日本的宗教界神道佛教固不必說，連基督教各派都是趨向於奉迎擁護其國策，最好的亦都是緘默不敢有所言動，只有矢內原先生及幾位極少數人做了我行吾素，積極發揚其信仰本質，以期對其國家民族能有救贖作用。我記得我為台灣同胞作政治運動，而遭艱難困苦的時候，他曾經當面安慰我勉勵我說『勇士一人獨往前之時為最勇』，這句話他是引用西方詩人的一句話說的，我以為在日本全國最瘋狂的時候，他不緘默而表現了他行他素的行為，他依然做出了他素時所做愛神愛人愛國愛民的言動，這正是他曾經用以安慰我的那句話『勇士一人獨往前之時為最勇』的表現者，實在令人欽佩至極。」

▲ 圖6-3　由右自左蔡培火、張漢裕夫人、楊基銓夫人、矢內原忠雄夫人、郭維租、楊寶祥牧師（曹永洋提供）

　　蔡培火由於與矢內原長年交往，因此每當面臨挫折時，他便向矢內原當面請教。1934年4月4日，蔡培火曾帶著林獻堂拜訪矢內原教授，聆聽他對時局的見解。他對日本軍國主義者提出憤怒而激烈的抨擊，林獻堂在日記中，對他的直言清楚表露敬佩之意。而後，在1937年底矢內原被迫辭去教職時，林獻堂曾邀蔡培

火陪同拜訪並贈送花瓶致敬。矢內原與蔡培火的交情還不僅止於此，蔡培火的女兒透過矢內原的介紹而嫁給了其學生，這位學生就是戰後台灣著名的經濟學者張漢裕教授。這段姻緣也成為矢內原與戰後台灣的重要連結點。

　　矢內原與台灣人知識分子的關聯性，並不限於台灣的地主士紳，一般的青年學子也對他相當敬仰。1943年1月，當時大戰方酣，東京帝國大學醫學部出身的郭維租醫師，透過其學長陳茂源的介紹，第一次見到矢內原先生，陳茂源教授也是矢內原的重要台灣人弟子之一。從這次的接觸，就讓郭維租感受到他是一位躬行實踐、言行如一的傑出導師。隨後，他受邀參加矢內原每個月第四個禮拜日在駿河台YMCA講解聖經的課程。他表示永遠記得第一次出席時，矢內原提到：「人人都是兄弟，奴隸制度是錯誤的，一定要廢除。但是身為奴隸的人，不必矢志強求解放。信主的奴隸面對粗暴的主人也不用拼命反抗，應該以柔克剛，奴隸應以順從、勤勉、愛心來感化不信神的主人。因為公義只有通過和平的手段去追求。壞的主人不必經由奴隸下手，上帝一定要責罰他的。這些話特別是為在殖民地受當局壓迫的同胞講的。」這段話讓郭維租感動莫名，從此終身專心在這位精神導師下求道。【圖6-4】

▲ 圖6-4　《都市叢林醫生：郭維租的生涯心路》書影（曹永洋　提供）

戰後台灣與矢內原忠雄

▲ 圖6-5　1949年矢內原忠雄與陳茂棠（右一）合影
　　　　於「松澤病院」（陳茂棠　提供）

戰後，矢內原的弟子陳茂源、張漢裕都回到了台灣，透過兩人在學術界的介紹，以及《帝國主義下之台灣》這本書的傳佈，讓矢內原在台灣學術界獲得甚高的評價。此外，矢內原在基督教信徒之間，也享有更高的知名度。以郭維租爲例，戰後回台後，他一直以矢內原爲精神導師，仿效其人格與風範，行醫濟世。雖然，他長期都在台北市行醫，但深具仁心的醫療原則，受到醫學界的肯定，傳記文學作家曹永洋稱他是「都市叢林醫師」，並爲其立傳。如果要探究郭維租的行醫的風格與人格特質，無疑地必須探究其精神導師矢內原的生平事蹟。此外，還有一位戰後留在東京的陳茂棠醫師，也受到同樣的精神感召。陳醫師是陳茂源的弟弟，他不僅長期參加矢內原的公開的聖經講義與家庭集會，戰後他在東京行醫之外【圖6-5】，也在自家舉辦宗教性家庭聚會，同時每週日還到附近的精神醫院松澤病院講道，每年還與教友共同舉辦夏期聖書講習會，其服務社會與獻身傳道之行動，很明顯也是受到矢內原之感化。

戰後陳醫師與郭醫師因《嘉信》雜誌的傳遞與教友傳閱網絡，一直維持密切的聯繫，這也是戰後矢內原與台灣重要的一個連接點。陳茂棠與郭維租兩人對矢內原的敬重，顯然並不只是因爲矢內原寫了

《帝國主義下之台灣》一書，而是因爲他的學養與人格，特別是他的
虔誠的宗教信仰。從表6矢內原教義解說與勵志書中譯版一覽表可以發
現，戰後台灣基督教的信徒，可以透過這些教會的書刊，認識到矢內
原的人品與思想。這些書籍也可以印證矢內原與台灣的關係匪淺。

表6　矢內原忠雄教義解說與勵志書中譯版一覽表

	書　　名	譯者／出版社	出版年
1	世界之將來及青年之任務 （世界の將來と青年の任務）	王英忠／台灣宣道社	1965
2	林肯傳（リンカーン伝）	王英忠／台灣宣道社	1965
3	耶穌傳（イエス伝）（1963初版／台灣宣道社）	涂南山／人光出版社	1987
4	我所尊敬的人物（余の尊敬する人物）	郭維租／人光	1987
5	異象先知以西結書（エゼキエル書）	鄭廷憲・賴勝烈／永望	1987
6	撒母耳記講義（サムエル記講義）	郭維租／人光	1989
7	約翰福音講義（ヨハネ福音講義）	郭維租／人光	1990
8	以西結書（エゼキエル書）	鄭廷憲／賴勝烈／永望	1991
9	以賽亞講義（イザヤ書講義）	郭維租／人光	1992
10	羅馬書講義（ロマ書講義）	涂南山／人光	1996
11	羅馬書講義（ロマ書講義）	郭維租／人光	1997
12	啓示錄講義（默示錄講義）	郭維租／人光	1999
13	詩篇講義（詩篇講義）	郭維租／人光	1999
14	信仰基督的本質：從耶穌到保羅 （キリスト信仰の本質：イエスからパウロまで）	郭維租／人光	2000
15	內村鑑三先生與我（上・下）（內村鑑三とともに）	郭維租譯／永望	2009

資料來源：陳中陵先生協助以「中華福音神學院圖書館」館藏檢索進行查詢整理；原
　　　　　則上依出版年排序，括弧內爲日文原書名，中譯本是否爲全譯與有無遺漏
　　　　　之出版品等，尚待進一步調查。
　　　（華神圖書館網址：http://wwwlibe.ces.org.tw/library/about/about1.html）

　　不僅是教義解說與勵志書被重視，矢內原有關教育理念的著作，在台灣也有中譯本發行。1961年，矢內原的《教育與人》一書出版，這是他生前最後出版的一本著作，內容是他談論教育理念的演講集。1980年，該書在台灣翻譯出版，並被自立晚報評為最有價值的書之一，以及被選為「改變中學生的書」中的一冊。這本書不僅在台灣得到很高的評價，而且在日本有不少大學還採用為教育哲學的必讀課本呢！作者在序言中表示：「在二次世界大戰後，我心中抱持有一貫的願望，即堅持和平的理想和日本的民主化。從制度上來看，日本的民主化表面上似乎已普及，民主的氣氛在國民中似已表現出來，但是民主主義的精神要成為國民的血和肉，奠基於國民的生活中，我想沒有那麼簡單就能完成。」教育家矢內原也是一個和平主義者，他將和平的理念落實於教育中。在《教育與人》出版的前一年，矢內原還出版了《政治與人》，這是《教育與人》的姐妹篇，兩書內容都是堅持和平的理想，並且要讓民主主義深植日本國民之心中。從以上多元化的中譯版書籍可知，戰後許多台灣人已經經由不同管道，認識到他的人格精神與學術涵養。

　　相對地，他與台灣關係最密切的著作《帝國主義下之台灣》一書，雖然有數種中譯本問世，但因屬較深奧之學術性書，其流傳的範圍似乎相當有限。然而實際上，矢內原主要的論點，大致上都被吸納到1971年由自立晚報社出版，署名蔡培火、林柏壽、陳逢源、吳三連、葉榮鐘等著《台灣民族運動史》一書中，特別是有關殖民統治體制確立過程，以及對總督府政治、經濟、教育等各種政策的批判，基本上都是承繼矢內原之論點。特別是矢內原反對階級鬥爭，支持台灣地主資產階級的自治運動，更獲得全面的支持與肯定。此書經考訂，真正的執筆者為葉榮鐘，到1990年為止共重印5次，2000年以葉榮鐘全集《日據下台灣政治社會運動史（上）（下）》兩冊之校訂本方

式，由台中晨星出版社發行。不論哪種版本，這本書已經成爲各界研讀台灣史的入門書。因此，我們可以說，幾乎所有的台灣史研究者，大概從曾輾轉接觸過矢內原忠雄的論述，他對日本帝國主義的批判觀點依然深受肯定，故其論點之影響力至今未衰。大家若能認識到這一點，應該就能了解《帝國主義下之台灣》一書的重要性，同時對於台灣研究的史學史也必定會有全新的認知。

二、後續研究者的超越與肯定

　　單行本的《帝國主義下之台灣》出版後隔年，當時居留北京的台灣人社會主義運動家宋斐如就發表了書評。他除了給予該書肯定的評價，並將該書與當時已出版的台灣研究相關書籍進行比較，提出以下的分析：「除了先前的連雅堂《台灣通史》、伊能嘉矩《台灣文化志》之外，最新著作以山川均《台灣民眾的悲哀》、矢內原忠雄《帝國主義下之台灣》最值得參考。其中，矢內原的著作不能像山川均一樣痛快淋漓的批判。」對山川的肯定與矢內原的批評，顯然是以自己信奉的社會主義思想來論斷，並非以具體學術成果的角度來評論。矢內原明確反對以階級鬥爭主軸的殖民地解放運動，也從未支持打倒日本帝國主義之主張與行動，這是他思想的侷限性，因而其殖民政策論述甚至被認是一種「新殖民主義」。這類嚴格的批判並非不能成立，但若從當時的情境來看，似乎也有對其個人過於苛責之嫌。經過戰時非常體制的考驗之後，如今台灣要客觀且認眞地再檢討矢內原著作的評價，我認爲應該要以戰後相關的學術論著爲中心來討論。

資本主義化概念的批判性繼承

　　戰後，矢內原回任東京大學的教職，重返大學校園。剛開始時，他在轉型後的東京大學經濟學部任教，並將「殖民政策學」改為「國際經濟學」，同時也擔任日本「國際經濟學會」之首任理事長。他對於這個新生學術領域的名稱，似乎相當滿意。但是，戰後他不斷被推選出來從事學術行政的事務，讓他很難再投入新的研究領域，如果要評價矢內原的學術成就，還是要回到其「殖民政策學」的研究成果來探討。然而，戰後日本與台灣學界都沒有「殖民政策學」這項學術領域，矢內原的著作基本上是被放在經濟學領域來討論。1979年，經濟史學者林滿紅在《史學評論》雜誌上，曾發表〈日據時代台灣經濟史研究之綜合評介〉一文，她將經濟史研究分為「階段性制度史、一般性制度史、計量經濟史」等研究法，並以系統圖的方式標示出各時代與不同研究法之研究者的位置。她在系統圖中將矢內原之研究成果定位為兩項制度史研究之鼻祖，在學術脈絡中可說是經濟史研究的開山祖師，由此可見其地位之崇高與重要性。

　　對於《帝國主義下之台灣》的論點，最早從學術研究的角度加以全面性地檢討，並批判性繼承其論點的是，1975年出版的涂照彥《日本帝國主義下之台灣》一書。涂照彥該書中的序章中，提出研究課題與分析觀點時，分析矢內原的《帝國主義下之台灣》有關台灣經濟分析的理論，歸納出以下三點成就：第一，將台灣經濟定位於日本帝國主義之下，並釐清佔領殖民地台灣與日本資本主義的歷史性質，也就是說明日本資本主義的「後進性」與「早熟性」。第二，對於台灣資本主義化的過程中，國家權力的介入與角色，以及協助日本資本取得壟斷地位的過程，提出符合歷史事實的透徹考察分析。第三，成功地運用「資本主義化」的概念，有系統地掌握台灣的殖民地經濟發展

過程。

　　然而，在肯定以上三項成就之外，涂照彥也提出批判的觀點。他認為，矢內原運用的「資本主義化」概念並不明確，其適用的範圍應該僅限於日本資本的活動，台灣漢族社會的地主制並未瓦解，兩者共存才是台灣經濟發展的全貌。涂照彥強調，殖民地台灣的經濟實際上並未被全盤資本主義化，只是局部資本主義化而已，因為以台灣本地資本（地主制）為中心的傳統社會，依然繼續留存下來。因此，他進一步提出「殖民地化」的概念來分析，並將焦點鎖定在台灣農村經濟內部的變化，以及「米糖相剋」等問題。這樣的研究等於是針對矢內原著作中所忽略的部分，進行更深入的探討。

　　近年來，柯志明在《米糖相剋：日本殖民主義下台灣的發展與從屬》一書中，對於矢內原與涂照彥的研究成果，提出更進一步的回顧性檢討。他除了重新仔細「資本主義化」此一分析概念，澄清這個語詞與帝國主義、壟斷資本主義的差異之外，也明確指出許多不適用此一概念之處。例如，矢內原預測資本主義米作部門將和蔗作部門一樣遭受日資控制，並被集中化及轉化為資本家企業的看法，實際上並未發生。因為，矢內原將日本資本支配糖的經驗，類推到其他部門，這樣的推論並不恰當。亦即，台灣本地生產模式並未被日本資本滲透所瓦解，而是並存地維持下去。這一個現象的存在，就成為柯志明研究「本地生產模式──家庭耕作式農業」與「米糖相剋」的出發點。

　　從以上兩位後發學者的深入檢討，我們可以發現，矢內原的研究成果到最近還是不斷地被批判性地繼承。這種情況顯示，其研究到現在還具有可讀性。要掌握近代台灣經濟發展之脈絡，第一步必定是要先讀解《帝國主義下之台灣》中提出的主要論點。筆者相信只要願意徹底讀懂這本書，對於日治時代的台灣史，甚至包括19世紀以來帝

國主義擴張之歷史脈絡等，都會有更深入的認識。

另類觀點的觀察與評價

　　由於《帝國主義下之台灣》是最早針對殖民地台灣資本主義化發展提出批判性觀點的論著，因此這本書日後在台灣史學界，特別是經濟史方面，擁有相當特殊而重要的地位，所以才會出現前述之各種肯定的評價。近年來，台灣史研究者李承機認為，台灣知識分子也早已感受到台灣資本主義化發展之問題點，然而由於未能掌握發言的機會，這樣的批判論述在未發表的情況下被抹殺。他透過日治時代法院檔案中發現，台灣農民運動的領導人簡吉，幾乎與矢內原忠雄來台調查同一時間點，同樣運用農民收入與生活條件等具體數據，論證新式糖廠對台灣農民的剝削情況。但是，因為簡吉沒有「帝國大學教授」的身分，即使有發言的機會，大概也不可能被聽到吧！當然這跟簡吉主張階級鬥爭不見容於當局，也不被戰後台灣社會所接受有密切的關聯。基本上，矢內原的成就無法否定，其真知灼見與人道關懷確實相當可貴。只是回顧這種知識與論述能力的爭奪情況之後，我們可以明確地說，殖民地台灣知識分子或民眾即使有所覺醒，其親身體驗的認識與心聲也無處可訴，更沒有留在學術界鑽研並發表獨到見解的機會，這個問題正足以說明被殖民者的悲哀。

　　除此之外，近年來日本學者若林正丈從不同的角度，對這本書提出完全不同於過去的評價。依照若林教授的分析，矢內原這本書雖然是從殖民政策學出發，意圖探討殖民地統治技術的問題，但實際上，在矢內原進行研究與調查的過程中，就已開始醞釀著脫胎換骨轉變的契機。他認為矢內原的研究活動，其主要成果集中在「殖民政策研

究」與「殖民地研究」兩部分，其中後者是實證研究的部分，所獲得的成果最爲豐碩。因此，從另外一角度來看，矢內原的殖民地之實證研究，可以視爲一種「區域研究」（area studies），而《帝國主義下之台灣》一書就是預告戰後區域研究誕生之著作。

　　若林在其分析解說中強調，所謂區域研究就是透過某個觀點選取的區域（可以是國民國家（nation state），也可以是其中特殊的部分），運用跨學科之方法（例如同時採用歷史學與經濟學等），綜合性地探討該區域之特性。區域研究是了解其他社會的研究方法，由於戰後日本對外關係日益擴大且複雜化，這種研究方法才逐漸確立。如果用區域研究的觀點來看，《帝國主義下之台灣》就像新的學術模式，在殖民政策研究架構下孕育成長，幾乎已經到達即將突破原有範疇的最後階段。特別是矢內原運用跨學科，以及進行現地考察等方法，充分展現這項研究符合日後區域研究規範之特色。因此，《帝國主義下之台灣》一書，可以視爲戰後日本區域研究之鼻祖。

　　此外，若林針對這本書的閱讀效應也提出另一項特殊的評價。他採用班納迪克·安德生（Benedict Anderson）在《想像的共同體》（Imagined Community）一書中所提出「巡禮圈」（pilgrim）的概念，說明在日本殖民統治的經濟開發成功後，透過近代的行政體系與學校制度，已經讓台灣全島形成了「殖民地巡禮圈」。在這個圈內，台灣知識分子透過升學或就業，認識全島各地不同的住民，因此到1920年代已經逐漸形成了一個潛在的「想像的共同體」。就在這個時候，帝國大學的矢內原教授以學術著作客觀地描繪帝國主義下台灣的全貌，呈現在一群最有可能以台灣爲想像範圍的讀者面前，若順利讓這群潛在共同體之讀者接觸這本書，其可能產生的影響實在難以估計。因此，總督府必須加以查禁，如果讓它在台灣自由流通，很可能

喚醒台灣人的民族意識，這對殖民統治將帶來嚴重的衝擊。由於這本書提示了近代台灣整體的面貌，對台灣知識分子具有無限的吸引力，因此無法在殖民地台灣取得此書的人，才會在到達日本後努力地啃讀這本書。若林分析指出《帝國主義下之台灣》的歷史意涵，認爲這是一本書等於是「映照台灣人想像共同體的鏡子」。

　　以上針對《帝國主義下之台灣》之研究方法，以及閱讀效應等兩方面，若林提出了兩個另類評價。讀者若能參考以上之不同角度所提出的觀點，咀嚼本書的內容的話，應該可以獲得另一種不同的閱讀心得。近年來，隨著台灣政治、經濟與社會各層面快速的變遷與發展，要全盤掌握台灣的全貌益加困難。筆者認爲，如果能夠先透過閱讀矢內原的這本著作，對於台灣從傳統到近代的社會變遷，將可以有清楚的認識。

結語：實現公義和平社會的願景

在尋找矢內原忠雄與台灣關係的過程，我從《白色封印》【圖7-1】一書中發現有一位政治受難者涂南山的生平事蹟，與矢內原忠雄有密切的關聯。涂南山，1926年生於嘉義，雖然家境貧困，但他奮發向上，嘉義中學校畢業後，1944年考上滿洲之建國大學，但因戰爭結束而在未畢業前回到台灣，1948年改就讀台灣大學工學院，這時他開始大量閱讀馬克思與恩格斯的書籍。有一次他到陳茂源老師家中拜訪時，發現老師正相當入神地在看一本書，後來才知道這本書是矢內原忠雄的《羅馬書講義》。當時他曾向老師表示：「我最有興趣的是馬克思主義」。然而，在矢內原之入門弟子陳茂源的指點下，他開始閱讀矢內原《馬克思主義與基督教》一書，並試著將它翻譯為中文。透過這樣的學習經驗，他體認到雖然馬克思主義是當時最時髦的理論，全世界的優秀青年都愛讀，但是無論多麼偉大的理論，如果沒有耶穌的原則，還是無效的。

▲ 圖7-1　《白色封印：白色恐怖1950》封面書影（何義麟　翻攝）

▲ 圖7-2　涂南山與《耶穌傳》（曹欽榮　攝影）

▲ 圖7-3　《耶穌傳》之手稿（台灣游藝　提供／劉振祥　翻攝）

1951年6月26日，涂南山突然在台大法學院宿舍被捕，罪名是參加讀書會之類的組織。儘管遭到一連串的刑求，但他並未供出朋友名單。由於被查獲《馬克思主義與基督教》之譯稿，因而被認定為思想有問題，判刑十年。在審訊期間他請家人向陳茂源老師借得《羅馬書講義》，並在拘留所開始閱讀，如此才順利克服被刑求時面對招供與否的心理折磨。被移送火燒島（綠島）後，再借得矢內原的《耶穌傳》一書，這本書支持著他的意志，幫助他渡過漫長的獄中歲月。因為他覺得《耶穌傳》中解釋聖經很真實，所以開始設法進行翻譯，他認為自己在火燒島的新生訓練營中，一面負責種菜等工作，一面翻譯《耶穌傳》是一生中最快樂的日子。1961年出獄後，他有計畫地逐步實現《耶穌傳》、《羅馬書講義》兩書譯稿的出版工作。十年的牢獄，竟然藉著矢內原的教義詮釋書籍渡過，這種信仰的力量令人驚嘆。由此不禁讓人想要深究，矢內原的聖經解讀書到底具有何種魅力？他的眾多著作中，哪些是傳播「學術真理」？哪些是傳播「宗教福音」的呢？這個問題似乎也值得深思。【圖7-2】【圖7-3】

　　從矢內原的生平可知，內村鑑三爲其信仰的導師，新渡戶稻造爲其學問的導師。1927年4月，矢內原來台訪問調查時，曾經到中部地區泰雅族部落，拜訪一位在山地傳教的牧師井上伊之助（1882～1966），井上從1911年到台灣從事醫療傳道的工作，一直到1947年才離開台灣。矢內原的拜訪就是肯定其傳教活動之意，在《帝國主義下之台灣》一書中，也曾提到他的事蹟。此外，戰後矢內原在撰寫《台灣山地醫療傳道記》的書評中，特別稱許井上是「台灣山地傳道之父」、「日本的史懷哲」，但這樣的人物並未受到台灣史學界充分的關注。不論戰前或戰後，矢內原對台灣的關懷都是基於其宗教的信仰，與台灣人的交往時，也似乎都會傳播宗教福音。因此我們可以感受到《帝國主義下之台灣》書中，有傳播福音的胸懷，也有其對學術眞理的堅持。這一點可以從他許多片段的言論中得到明確的印證。

　　矢內原忠雄是一位學者，他曾經歷當權者的壓迫，許多同樣經歷過日本軍國主義時代的人，都曾抱持著「學術無力論」的想法。亦即，許多人認爲，學者或是學術只是孤立的一個人的聲音，無法抗拒外在的壓力，但矢內原卻不這麼認爲。他說：「自己不屬於任何政治團體，也不想參加這類組織；所謂學者，就是要把自認爲眞理的看法，在學術的場合說出來，一定要照實地說出來，不可退縮。至於是否被社會採用那是社會的責任，自己不能抱持某種政治意圖想要左右這個社會，不可有此念頭，如果這樣做，就不再是純粹的學術了。這個問題或許也牽涉到學術與政治的關係，如果學術是無用的，那麼從前所謂的『筆勝於劍』、『眞理是永遠的』等座右銘，不就都成了毫無意義的廢話了嗎？」

　　前述這段話，是矢內原從自己人生起伏中，體會到而刻意強調的信念，接著他還勉勵日本的年輕人，必須培養「有深度的思想」。另

外，他對學術研究與宗教信仰是否衝突的問題也提出深刻的檢討，他認爲：「具有虔誠宗教信仰的人，也可以成爲科學家；提出豐富學術研究成果的學者，也可以是擁有良好信仰的人。宗教信仰與學術研究是不同次元的世界，今日已不再被認爲有所矛盾。」這段話，最足以反映矢內原個人之信念。當我們閱讀《帝國主義下之台灣》之時，可以先記起以上作者的宗教家傳播福音的精神，以及他對學術眞理的堅持，也許就可以更能夠體會這一本書所要傳達的意涵。

例如：對台灣東部的開發，矢內原曾經提議：「首先應考慮現存日本人移民村的改革，其次保障平地原住民權益，讓山地原住民下山定居，並收容西部本島人過剩人口。然後在此排除資本家企業的入侵，收購會社關係未墾地，讓日本人、本島人、原住民都能以自耕農或協同的方式進行生產，不讓西部的鉅額資本累積與大量商品出口的型態出現，在此協同的經濟關係上，形成一個和平、自由的社會。」接著他描繪出如何在這樣的基礎上建構理想的遠景：「不以資本家企業勃興爲目的，而以建立不同人種構成的殖民地社會，大家一同過著和平協調的生活爲目標。若能進行這種殖民地社會的實驗，則渺小的東部台灣，在人類殖民史上可以獲得最重要的地位。借亞當·史密斯的口吻來說，這或許是我的烏托邦。相較於把東部台灣視爲同化及國防上日本民族根據地這種烏托邦想法，我的理想應該是無害且較具可行性，甚至還可以淨化我們的心靈。」（詳見本書第三章第二節）

矢內原忠雄在這本書中描繪的烏托邦，彷彿是其堅持的眞理與福音結合後所預見的結果。透過這個烏托邦的描繪，也可以讓我們重新思考日本在台灣殖民統治的問題。日治時期台灣史上值得一提的日本人，並不是只有後藤新平、伊能嘉矩、八田與一而已。如果我們將矢內原忠雄、山川均、布施辰治等人的言行事蹟納入考量，日治時期台

灣史將可開展出完全不同的視野。有關近代殖民地問題，以及帝國主
義的擴張，不是日本與台灣關係史的問題，而是16、17世紀以後人
類如何建構公義和平社會的重大問題。從本書也可以讓我們體會到，
擴大時間空間的視野、重新思考歷史人物的定位，應該是我們培養歷
史思維可以遵循的一項原則。

矢內原忠雄《帝國主義下之台灣》相關年表

年份	年齡	相關事蹟	相關史事
1893	0	1月27日生於日本四國的愛媛縣，父親為縣內第一位西醫。	
1895	2		日本占領台灣、澎湖列島。
1903	10	新渡戶稻造開始在京都帝國大學法科大學講授「殖民政策」。	
1904	11	轉入神戶之小學校高等科就讀，寄居擔任中學教員之堂哥家中。	日俄戰爭爆發。
1905	12	就讀兵庫縣立神戶中學校。	
1908	15	東京帝國大學法科大學開設「殖民政策講座」，由新渡戶稻造授課。	
1910	17	就讀第一高等學校（英法科），當時校長為新渡戶稻造。	
1911	18	參加內村鑑三主持之聖書研究聚會。	
1912	19	3月母親去世（享年40歲）。	中華民國成立。
1913	20	9月就讀東京帝國大學法科大學。10月父親去世（享年61歲）。	
1917	24	東京帝大畢業、進入住友公司，後分發至「別子礦業所」、結婚。	
1919	26	新渡戶擔任國際聯盟副事務局長、東京帝大新設經濟學部。	台灣總督府發布「台灣教育令」。
1920	27	3月就任東京帝大經濟學部助教授。10月起奉命留學歐美。	東京台灣留學生發行《台灣青年》。
1921	28		台灣議會設置請運動正式展開。

年份	年齡	相關事蹟	相關史事
1923	30	2月返國，3月夫人愛子去世，8月升任教授，10月開始講授「殖民政策」。	12月台灣總督府以違反治安警察法之名逮捕台灣議會設置請願運動之幹部，史稱「治警事件」。
1924	31	出版《植民政策講義案》（有斐閣）。6月與堀惠子再婚。	
1926	33	出版《植民及植民政策》（有斐閣）。	
1927	34	3～5月前往台灣各地訪問調查。出版《植民政策の新基調》（弘文堂）。	1月台灣文化協會分裂，7月台灣民眾黨成立。
1928	35	為蔡培火《日本本国民に与ふ》（岩波書店）寫序文。出版《人口問題》（岩波書店）。	
1929	36	出版《帝国主義下の台湾》（岩波書店）。	首次單獨對葉榮鐘講道。
1930	37	1月台灣總督府下令禁止《帝国主義下の台湾》在台銷售。《帝国主義下の台湾》中譯本出版（楊開渠譯／神州國光社）；宋斐如〈評帝國主義下的台灣〉《新東方》第一卷第10期。3月內村鑑三去世。	台灣地方自治聯盟成立。
1932	39	8～9月前往滿洲訪問調查，9月11日前往哈爾濱火車上遇襲。10月新渡户稻造在加拿大去世。11月發行《通信》油印刊物。	滿洲國成立。
1934	41	《帝国主義下の台湾》俄文版發行。出版《滿洲問題》（岩波書店）。	
1936	43	出版《民族と平和》（岩波書店）。	
1937	44	出版《帝国主義下の印度》（大同書院）。12月因發表反戰言論被迫辭去東京帝大教職。	中日戰爭爆發。
1938	45	1月創刊宣揚教義之《嘉信》月刊。	

年份	年齡	相關事蹟	相關史事
1939	46	《帝国主義下の台湾》、《満州問題》被迫停止發行。	
1945	52	11月28日恢復東京大學經濟學部教授之職位。	第二次世界大戰結束、日本投降、台灣由陳儀政府接收。
1946	53	8月擔任社會科學研究所長。出版《日本精神と平和国家》（岩波書店）。	
1947	54	獲頒東京大學經濟學博士。	台灣發生228事件。
1948	55	擔任東大經濟學部長（院長）。出版《イエス伝》（中譯《耶穌傳》）。	
1949	56	轉任東大新設教養學部長。出版《ロマ書》（中譯《羅馬書講義》）。	林獻堂離台赴日。國民黨政府遷台。
1950	57	日本國際經濟學會成立，獲選為理事長。	韓戰爆發。
1951	58	12月被選為東大總長（校長），1955年12月連任。	
1952	59	陳茂源譯《日本帝國主義下之台灣》（台灣省文獻委員會發行）。	
1956	63	周憲文譯《日本帝國主義下之台灣》（台灣銀行經濟研究室發行）。	林獻堂在東京去世。
1957	64	12月卸任東大總長職位。	
1960	67	出版《政治と人間》（東大出版會）。	《自由中國》雜誌被迫停刊，雷震被捕。
1961	68	出版《教育と人間》（東大出版會）。12月25日胃癌去世。	

補記：1962年《帝国主義下の台湾》收入《矢內原忠雄全集》第二卷；1988年岩波書店發行單行本；1997年台北南天書局復印發行；2001年若林正丈編《矢內原忠「帝国主義下の台湾」精読》（岩波書店、文庫本）出版；2004年林明德譯《日本帝國主義下之台灣》（吳三連台灣史料基金會）出版。

延伸閱讀書目

一、《帝國主義下之台灣》之相關書目

陳茂源譯，《日本帝國主義下之台灣》台北：台灣省文獻委員會，1952年。

周憲文譯，《日本帝國主義下之台灣》台北：海峽學術，2002年再版。

林明德譯，《日本帝國主義下之台灣》台北：吳三連台灣史料基金會，2004年。

涂照彥著、李明峻譯，《日本帝國主義下的台灣》台北：人間，1992年。

劉進慶著、王宏仁、林繼文、李明峻譯，《戰後台灣經濟分析》台北：人間，
　　1992年。

葉榮鐘著，《日據下台灣政治社會運動史（上·下）》台中：晨星，2000年。

王育德著、黃國彥譯，《台灣：苦悶的歷史》台北：草根，1999年。

柯志明著，《米糖相剋：日本殖民主義下台灣的發展與從屬》台北：群學，
　　2003年。

簡吉著，《簡吉獄中日記》台北：中央研究院台灣史研究所，2005年。

北川稔著、陳惠文譯，《砂糖的世界史》台北：玉山社，2005年。

黃紹恆著，《台灣經濟史中的台灣總督府》，台北：遠流，2010年。

二、矢內原忠雄生平與思想之相關書目

葉榮鐘著，《台灣人物群像》台北：晨星，2000年。

蔡培火著，《蔡培火全集‧第1-7冊》台北：吳三連台灣史料基金會，2000年。

吳得榮編著，《矢內原忠雄的信仰歷程》台南：人光，1978年。

矢內原忠雄著、涂南山譯，《耶穌傳》台南：人光，1996年第四版。

矢內原忠雄著、張漢裕譯，《基督教入門》台北：協志工業叢書，1968年。

矢內原忠雄著、李孆娗譯，《教育與人》台南：台灣教會公報社，1986年再版。

曹永洋著，《都市叢林醫生：郭維租的生涯心路》台北：前衛，1996年。

吳聰敏編，《張漢裕教授紀念研討會論文集》台北：台灣大學經濟學系，2001年。

鹿野政直著、許佩賢譯，《日本近代思想史》台北：五南，2008年。

矢內原忠雄著、郭維租譯，《內村鑑三先生與我（上‧下）》台北：永望，
　　2009年。

矢內原伊作著、李明峻譯，《矢內原忠雄傳》台北：行人文化，2011年。

參 考 引 用 書 目

一、中文專書與期刊

周憲文譯，《日本帝國主義下之台灣》台北：台灣銀行經濟研究室，1956年初版。

矢內原忠雄著、涂南山譯，《聖經講義：耶穌傳》嘉義：台灣宣道社，1963年初版。

宋斐如著，〈評《帝國主義下的台灣》〉《宋斐如文集・卷五》台北：海峽學術，2006年，5-11頁。

林滿紅著，〈日據時代台灣經濟史研究之綜合評介〉《史學評論》第一期，1979年8月，161-209頁。

吳密察著，〈矢內原忠雄《帝國主義下の台灣》的一些檢討〉《台灣近代史研究》台北：稻鄉，1991年，177-208頁。

黃紹恆著，〈張漢裕教授學術源流考〉吳聰敏編，《張漢裕教授紀念研討會論文集》台北：台大經濟學系，2001年，235-252頁。

葉榮鐘著，〈灌老與矢內原先生的交誼〉、〈矢內原先生與我〉《台灣人物群像》台北：時報文化，2000年，187-209頁。

蔡培火著，〈上帝忠孝的兒子矢內原忠雄先生〉張炎憲總編輯，《蔡培火全集 第1冊：家世生平與交友》台北：吳三連台灣史料基金會，2000年，411-416頁。

李嘉嵩著，《100年來》台南：人光，1979年。

班納迪克・安德森（Benedict Anderson）著、吳叡人譯，《想像的共同體：民族主義的起源與散布》台北：時報文化，1999年。

戴國輝著，〈旅日時台灣史料及資料蒐集與運用〉《戴國輝文集・第5集：台灣史集外集》台北：南天，2002年，86-88頁。

涂南山口述，〈煉獄與天堂：涂南山口述史〉胡慧玲、林世煜著，《白色封
　　印：人權奮鬥證言》台北：國家人權紀念館籌備處，2003年，63-104頁。
陳志忠著，《日治時期台灣教會經驗初探：以日本基督教會及無教會主義為
　　例》台北：台灣神學院碩士論文，2006年。
若林正丈著，〈矢內原忠雄與台灣：圍繞在《帝國主義下的台灣》〉《台灣應
　　用日語研究》第2期，2005年6月，1-22頁。
若林正丈著，〈葉榮鐘的「述史」之志：晚年書寫活動試論〉《台灣史研究》
　　第17卷第4期，2010年12月，81-112頁。

二、日文專書與期刊

矢內原忠雄著，《矢內原忠雄全集・第1-29卷》東京：岩波書店，1963-1965年。
南原繁等編，《矢內原忠雄：信仰・學問・生涯》東京：岩波書店，1968年。
戴國煇著，〈細川嘉六と矢內原忠雄〉《日本人とアジア》東京：新人物往来
　　社，1973年，64-88頁。
小島麗逸編，《日本帝国主義と東アジア》東京：アジア経済研究所，1979年。
隅谷三喜男著，〈解說〉矢內原忠雄著，《帝国主義下の台湾》東京：岩波書
　　店，1988年復刻，285-303頁。
矢內原伊作著，《矢內原忠雄傳》東京：みすず書房，1998年。
陳茂棠編著，《精神病院伝道五十年をすぎて》東京：自費出版，1999年。
若林正丈編，《矢內原忠雄「帝国主義下の台湾」精読》東京：岩波書店，
　　2001年。
河原功著，〈解說〉《台灣出版警察時報（復刻本）》東京：不二出版，2000
　　年，5-86頁。
河原功著，〈日本統治期台湾での「檢閱」の実態〉《東洋文化》第86号，
　　2006年3月，165-213頁。
崔吉城著，《植民地朝鮮におけるキリスト教：矢內原忠雄を中心に》崔吉

城、原田環編，《植民地の朝鮮と台湾：歴史・文化人類學的研究》東京：第一書房，2007年，257-285頁。

李承機著，〈第二章植民地期台湾人の「知」的体系：日本語に「橫領」された「知」の回路〉古川ちかし、林珠雪、川口隆行編，《台湾・韓国・沖縄で日本語は何をしたのか：言語支配の言語支配のもたらすもの》東京：三元社，2007年，40-57頁。

春山明哲著，〈「虹の橋」を渡るキリスト者：井上伊之助の「山地原住民伝道」覚書〉《近代日本と台湾：霧社事件・植民地統治政策の研究》東京：藤原書店，2008年，126-152頁。

三、網路資料

賴永祥長老史料庫：http://www.laijohn.com/Index.htm
台灣神學院圖書館：http://www.taitheo.org.tw/library/about/about.html
中華福音神學院圖書館：：http://wwwlibe.ces.org.tw/library/about/about1.html
內村鑑三記念今井館教友會：http://www.imaikankyoyukai.or.jp/
布施辰治紀錄片網頁：http://www.fuse-tatsuji.com/

圖片來源出處

位置	圖片	來　　源
自序	圖一	何義麟翻攝。
自序	圖二	2009年12月16日何義麟拍攝。
自序	圖三	何義麟翻攝。
導言	圖0-1	蕭柏暐翻攝《台灣日日新報》1929年12月14日，一版。
導言	圖0-2	何義麟翻攝。
導言	圖0-3	翻攝自東京大學教養學部創立60周年紀念矢內原忠雄與教養學部特別展海報。
第一章	圖1-1	翻攝自矢內原忠雄生平自述專書（日本圖書センター）。
第一章	圖1-2	財團法人吳三連台灣史料基金會提供，引自張漢裕主編《蔡培火全集》一（財團法人吳三連台灣史料基金會，2000年），42頁。
第一章	圖1-3	財團法人吳三連台灣史料基金會提供，引自張漢裕主編《蔡培火全集》一（財團法人吳三連台灣史料基金會，2000年），43頁。
第一章	圖1-4	早稻田大學梅森直之教授翻攝提供。
第二章	圖2-1	早稻田大學梅森直之教授翻攝提供。
第二章	圖2-2	中研院台史所翻攝自《台灣專賣事業要覽》。
第二章	圖2-3	中研院台史所翻攝自明信片。
第二章	圖2-4	中研院台史所翻攝自《共進會記念台灣寫真帖》。
第二章	圖2-5	中研院台史所翻攝自《台灣寫真帖》。
第二章	圖2-6	中研院台史所翻攝自明信片。
第二章	圖2-7	中研院台史所翻攝自《台灣銀行四十年誌》。
第三章	圖3-1	中研院台史所翻攝自明信片。
第三章	圖3-2	早稻田大學梅森直之教授翻攝提供。
第四章	圖4-1	中研院台史所翻攝自明信片。
第四章	圖4-2	中研院台史所翻攝自《台灣統計要覽‧大正二年》。
第四章	圖4-3	遠流出版事業股份有限公司提供，引自《台灣歷史辭典》，51頁。

位置	圖片	來　　源
第五章	圖5-1	中研院台史所翻攝自明信片。
第五章	圖5-2	中研院台史所翻攝自《台灣製糖株式會社史》、《台灣銀行四十年誌》。
第五章	圖5-3	中研院台史所翻攝自明信片。
第六章	圖6-1	蕭柏暲翻攝自《台灣日日新報》（1937年12月03日）日刊，7版。
第六章	圖6-2	蕭柏暲翻攝。
第六章	圖6-3	翻攝自《都市叢林醫生：郭維租的生涯心路》前衛出版社，1996年，9頁。
第六章	圖6-4	翻攝自《都市叢林醫生：郭維租的生涯心路》前衛出版社，1996年。
第六章	圖6-5	翻攝自陳茂棠《精神病院伝道五十年をすぎて》自費出版，1999年，1頁。
結語	圖7-1	何義麟翻攝自《白色封印：白色恐怖1950》國家人權紀念館籌備處，2003年。
結語	圖7-2	台灣游藝設計工程有限公司提供。
結語	圖7-3	台灣游藝設計工程有限公司提供。

國家圖書館出版品預行編目資料

矢內原忠雄及其《帝國主義下之台灣》／何義
麟著. -- 二版. --臺北市：五南圖書出
版股份有限公司, 2014.12
　　面；　公分
ISBN 978-957-11-7808-0（平裝）

1.矢內原忠雄　2.傳記　3.經濟史　4.臺灣史
　5.日據時期

552.339　　　　　　　　　　103018612

台灣BOOK　10

1XAH

矢內原忠雄及其《帝國主義下之台灣》

作　　著 ― 何義麟（49.40

發 行 人 ― 楊榮川

總 經 理 ― 楊士清

總 編 輯 ― 楊秀麗

副總編輯 ― 蘇美嬌

責任編輯 ― 蔡明慧

封面設計 ― 王璽安

出 版 者 ― 五南圖書出版股份有限公司

地　　址：106台北市大安區和平東路二段339號4樓

電　　話：(02)2705-5066　　傳　　真：(02)2706-6100

網　　址：https://www.wunan.com.tw

電子郵件：wunan＠wunan.com.tw

劃撥帳號：01068953

戶　　名：五南圖書出版股份有限公司

法律顧問　林勝安律師事務所　林勝安律師

出版日期　2011年5月初版一刷
　　　　　2014年12月二版一刷
　　　　　2022年10月二版三刷

定　　價　新臺幣250元

經典永恆·名著常在

五十週年的獻禮——經典名著文庫

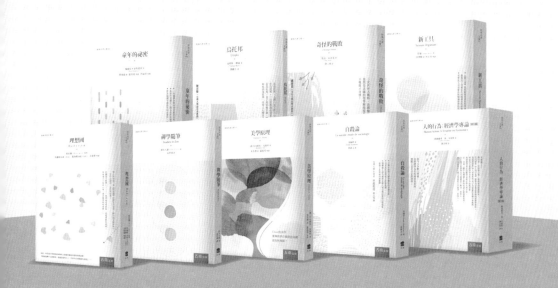

五南,五十年了,半個世紀,人生旅程的一大半,走過來了。

思索著,邁向百年的未來歷程,能為知識界、文化學術界作些什麼?

在速食文化的生態下,有什麼值得讓人雋永品味的?

歷代經典·當今名著,經過時間的洗禮,千錘百鍊,流傳至今,光芒耀人;

不僅使我們能領悟前人的智慧,同時也增深加廣我們思考的深度與視野。

我們決心投入巨資,有計畫的系統梳選,成立「經典名著文庫」,

希望收入古今中外思想性的、充滿睿智與獨見的經典、名著。

這是一項理想性的、永續性的巨大出版工程。

不在意讀者的眾寡,只考慮它的學術價值,力求完整展現先哲思想的軌跡;

為知識界開啟一片智慧之窗,營造一座百花綻放的世界文明公園,

任君遨遊、取菁吸蜜、嘉惠學子!